『行业+领先企业』
产教融合新形态
系列教材

跨境贸易基础

全国跨境电子商务综合试验区职业教育集团
北京博导前程信息技术股份有限公司　组织编写

桂海进　主编

電子工業出版社
Publishing House of Electronics Industry
北京・BEIJING

内容简介

本书全面系统地介绍了国际贸易所涉及的全套理论基础知识，并结合互联网新时代对国际贸易的影响，加入了跨境电商相关基础知识。其内容包含了国际贸易概况认知，跨境电商与国际贸易，国际贸易术语与单证，国际贸易支付，国际贸易物流及保险，国际贸易风险与安全，知识产权及法律法规，国际贸易通关。

本书内容新颖，资源丰富，结构完整，概念准确。本书将知识目标和能力目标充分结合，注重读者的理论基础知识学习和兴趣培养。

本书可作为高等职业院校电子商务类、国际贸易类、经济管理类和商务英语类相关专业的教材，也可供国际贸易、经济管理、电子商务等相关从业人员参考。

图书在版编目（CIP）数据

跨境贸易基础 / 桂海进主编 . — 北京：电子工业出版社，2019.6
ISBN 978-7-121-36610-9

I. ①跨… II. ①桂… III. ①国际贸易 – 高等学校 – 教材 IV. ① F74

中国版本图书馆 CIP 数据核字（2019）第 098556 号

责任编辑：张云怡　　文字编辑：王宝熠
印　　刷：北京七彩京通数码快印有限公司
装　　订：北京七彩京通数码快印有限公司
出版发行：电子工业出版社
　　　　　北京市海淀区万寿路 173 信箱　邮编：100036
开　　本：787×1 092　1/16　印张：12.75　字数：345.6 千字
版　　次：2019 年 6 月第 1 版
印　　次：2020 年 1 月第 2 次印刷
定　　价：43.00 元

凡所购买电子工业出版社图书有缺损问题，请向购买书店调换。若书店售缺，请与本社发行部联系，联系及邮购电话：（010）88254888，88258888。

质量投诉请发邮件至 zlts@phei.com.cn，盗版侵权举报请发邮件至 dbqq@phei.com.cn。

本书咨询联系方式：（010）88254573，zyy@phei.com.cn。

编写委员会

（按姓氏拼音排序）

审定委员会

（按姓氏拼音排序）

主　任：

陈　进　教育部普通高等学校电子商务专业类教学指导委员会副主任

对外经济贸易大学现代服务业研究中心主任

副主任：

高新民　中国互联网协会副理事长

侯　光　全国电子商务职业教育教学指导委员会副主任

北京市商业学校校长

陆春阳　全国电子商务职业教育教学指导委员会副主任

徐国庆　华东师范大学职业教育研究所所长

郑亚莉　全国电子商务职业教育教学指导委员会跨境电子商务专业委员会主任

浙江金融职业学院院长

祝　斌　中国国际商会贸易投资促进部

委　员：

姜　旗	兰州现代职业学院	副院长兼财经商贸学院院长
孔繁正	广东农工商职业技术学院	商学院院长
李良树	武汉城市职业学院	财经学院院长
李林海	南宁职业技术学院	商学院院长
李选芒	陕西工业职业技术学院	物流管理学院院长
刘喜敏	吉林交通职业技术学院	管理工程学院院长
莫海燕	广西金融职业技术学院	院长
钱琳伊	无锡商业职业技术学院	商学院副院长
唐克胜	深圳职业技术学院	商务外语学院院长
张宏博	广州番禺职业技术学院	外语外贸学院院长
张明明	哈尔滨职业技术学院	现代服务学院院长
赵军镜	西安欧亚学院	校长助理兼教育创新研究院执行院长
支卫兵	江西工业职业技术学院	副校长
钟　林	成都职业技术学院	工商管理与房地产学院院长

序 言（一）

在经济全球化发展背景下，跨境电子商务正通过理念全球化、技术数字化、主体普惠化、供应链柔性化、品牌全球化等方式对我国贸易进行全面的升级改造。我们高兴地看到，我国对外贸易正从“贸易多元化”向“全球买、全球卖、全球付、全球运”转变；技术手段由部分环节采用信息技术向数字化电子商务平台使用、全链条数字技术使用转变；贸易主体由传统贸易企业向中小企业、个人转变；贸易方式由传统线下贸易方式向跨境电子商务方式转变；交易特点从“大进大出、低频次”向“小批量、高频次”转变；贸易供应链由非个性化、大批量向个性化、碎片化，满足消费需求的柔性供应链转变；企业贸易优势由原来的拼价格、拼产品向企业开始注重通过构建自身“品牌力”开展全球零售转变。

跨境电子商务正在形成一条“网上丝绸之路”。近年来，跨境电子商务交易规模始终以年均 20.61% 的速率高速增长，远超传统贸易规模增速。2018 年，通过海关跨境电子商务管理平台零售进出口的商品总额为 1347 亿元，相较于 2017 年增长了 50%；有进出口实绩的企业由 2017 年的 43.6 万家提升到 47 万家。

同时，我们也应该清醒地看到，跨境电子商务的高速发展也造成了行业人才缺口巨大。据不完全统计，2017 年我国跨境电子商务领域的人才缺口约为 450 万。《中国电子商务人才状况调查报告》中显示，企业在开展跨境电子商务业务过程中遇到的最大问题就是人才方面的问题。目前，跨境电子商务领域新技术、新思维、新商业模式、新职业能力不断产生，跨境电子商务人才属于新兴的复合技术技能型人才，除需要具有网络营销策划与推广、编辑与美工、电商数据分析、客户服务管理、网店（站）运营等传统电商的技术技能外，还要知晓国际贸易流程、国际商务交往规则，而传统的外贸及外语类人才很难匹配跨境电子商务行业发展的需求。

教育领域对跨境电子商务新业态发展需要通过专业设置来加快人才培育。特别是在职业教育中，应该依托电子商务专业大类，新增“跨境电子商务”专业来解决。同时，积极引导院校开展跨境电子商务专业，布局专业人才培养，以解决跨境电子商务人才短缺的问题。

因此，基于电子商务业务形成的能力体系构建方法、经验和渠道，有助于跨境电子商务职业能力体系构建。同样，一些公司和学校在电子商务教学过程中形成的人才培养理念、路径、模式、方法等，也有助于跨境电子商务专业人才培养体系的构建。最大化地共享、利用教学资源与设施，培养跨境电子商务专业教师团队，可以快速提升职业院校跨境电子商务人才供给，是我国贸易全面升级改造，制造业和服务业转型升级、模式改造的重要源泉和捷径。

此套教材构成了跨境电子商务专业核心课程的体系，相信在这样的课程体系下，能帮助更多的院校建设跨境电子商务专业，培养出更多的跨境电子商务专业人才！

序 言（二）

——在第一期全国跨境电子商务专业负责人培训班开班式上的致辞

现场和网上收看直播的各位老师，大家上午好！

今天我们举办全国跨境电子商务专业负责人培训班，是我们共同学习、贯彻《国家职业教育改革实施方案》，推动跨境电子商务人才培养、产教融合的一项具体举措。专业负责人对专业和产业的认识与把握直接关系到专业未来的发展。这次培训计划名额是80人，但实际来了100多人。还有很多学校希望能来，为了保证培训质量，我们一一沟通安排他们参加第二期培训，希望大家能够理解。借此机会，我想谈三点思考供大家参考。

一、提高对跨境电子商务发展的认识

跨境电子商务不是简单的传统国际贸易互联网化，而是最具新经济特征的跨境贸易新生态。跨境电子商务的全球化、数据化以及多业态融合、多场景覆盖、多流量共享的特征正是新经济形态和新商业生态的显著特征。跨境电子商务的发展，正在深刻地影响着全产业发展模式、全球贸易格局和贸易的全球治理。

从18世纪60年代开始，伴随着国际分工体系的逐步形成，商品交换迅速发展，形成了国际贸易的发展雏形。随着贸易规模的扩大、结构的优化和区域经济一体化的快速发展，国际贸易领域出现了一般贸易、加工贸易、服务贸易和技术贸易等方式。跨境电子商务区别于上述传统国际贸易方式的本质在于消费端导向，也因此在贸易主体、贸易商品、贸易形态、贸易链条、监管原则、交易模式、征信模式、准入模式和风险承担主体上产生了明显的差异，形成了全新的生态。因此，不能把跨境电子商务简单地理解成传统国际贸易的互联网化。

跨境电子商务的产生，替代了一部分一般贸易份额，也在商品品类、贸易主体和贸易渠道上对传统贸易形成了补充。跨境电子商务不但不会对传统国际贸易造成冲击，反而会为一般贸易打开更大的市场，探索更多的机会，培育新兴市场主体。更为重要的是，由于跨境电子商务的发展，加速了贸易便利化进程，由此产生的红利同样使得一般贸易受益。跨境电子商务还打破了传统国际贸易的单一渠道，逐步将灰色渠道引导到阳光合法的道路上，优化了国际贸易的市场环境。

二、跨境电子商务人才培养的思考

首先要理清产业、学科、专业与政府监管的关系。产业创新形成的知识积累沉淀到学科上，学科的纵向发展与横向融合又催生产业创新。产业的业态形成了岗位群，岗位群的知识和技能需求反映到专业上，专业在学科上的溯源与积累有利于技术技能积累与创新。

跨境电子商务是在全球化贸易背景下，由电子商务应用广度和深度的拓展而来的。因此，电子商务专业以专业方向的方式率先开展了人才培养的探索。随着跨境电子商务的深入发展，还涉及交易、支付、物流、通关、退税、结汇等诸多领域的人才培养创新，人才需求结构也越发明晰。原有由电子商务专业衍生的跨境电子商务专业已不能完全适应跨境电子商务的内涵与发展。

对跨境电商人才的思考，不能只局限在电商平台的交易环节，要从整个跨境贸易的链条来思考跨境电商人才结构。综合分析产业业态、岗位群和典型职业活动，原有电子商务专业的跨境电子商务方向已具备独立设置成跨境电子商务专业的条件和基础。同时，跨境电子商务的发展急需国际贸易类专业新增跨境贸易商务谈判、跨境贸易市场采购等专业或培养方向；急需报关类专业新增跨境贸易关务等专业或培养方向；急需物流类专业新增跨境贸易供应链管理、跨境贸易物流等专业或培养方向。这样才能逐步形成一个较为完善和能支撑产业发展的跨境电商人才培养体系。因此，跨境电商人才培养需要国际贸易、报关、物流、电子商务等专业共同行动。

在跨境电子商务交易中，贸易流程将由平台引导完成，交易地贸易规则的变化也会在第一时间由平台予以呈现，降低了国际贸易的门槛。这就使得贸易主体从烦琐的国际贸易流程与规则中解脱出来，这也是跨境电子商务能够培育出众多中小企业国际贸易主体的原因所在。与此同时，随着“两平台六体系”的建设成熟，贸易主体还将从烦琐的关务流程中解脱出来，极大地节约了成本，提高了效率。因此，跨境电子商务从业者和传统国际贸易从业者在知识与技能结构上存在着本质的差别。我们组织编写的《跨境电子商务人才培养指南》中有比较完整的反映。

三、全国电商行指委下一步工作考虑

（一）打造专业、创新和智库三个发展平台

专业发展平台就是全国跨境电子商务综合试验区职业教育集团，重点支撑专业布点、专业建设、师资队伍培养，参与教学资源建设。创新平台是苏州经贸职业技术学院建设的跨境电子商务应用研究与人才培养协同创新中心，这个平台重点支撑产教融合，技术技能积累与创新，科学研究和教学研究，参与教学资源建设。智库平台就是数字经济与跨境电商综试区发展大会，重点支撑政产学研合作、政校合作、校企合作和前面两个平台的成果展示，以此平台带动学校深度参与地方经济发展。

（二）遴选一批全国跨境电子商务教学改革实验校

计划遴选“10+1”所全国跨境电子商务教学改革实验校，这个名称是暂定的，最终叫什么，大家觉得怎么好就怎么来，但是也不能随便叫，要本着朴素有内涵的原则。为什么是“10+1”所，这个“1”就是杭职院，杭职院不用申请，也不占10所的名额。杭职院在职教集团建设中做出了突出贡献。这“10+1”所学校，我们组织力量共同优化人才培养方案，开展联合教研，立项重点教改项目，共建实训基地，集中宣传教学改革成果，并为这些学校的专业负责人和骨干教师搭建各种发展平台，将他们培养成跨境电子商务领域的代表人物。

（三）继续推动共建“行业＋领先企业”产教融合生态

通过“行业＋领先企业”产教融合生态建设，整合领先企业资源，撬动政府资源。我们将重点支持全国跨境电子商务综合试验区职业教育集团成员学校与所在地综合试验区建立深度合作，帮助学校更多地获得当地政府的支持与资源。

各位老师！在推动农村电子商务人才培养过程中，全国电商行指委和供销行指委开展了良好和务实的深度合作。在推动跨境电子商务人才培养的新征程上，我们愿意积极和主动地与国际贸易、报关、物流等领域的行指委开展交流与合作，在教育部统筹下，共同为建立和完善跨境电子商务人才培养体系做出贡献！

谢谢大家！

陆春阳

全国电子商务职业教育教学指导委员会副主任

序 言（三）

记得20世纪90年代初，在深圳安装一部固定电话，官方价格是6 000元人民币，还要排队，黑市价要10 000元！背后的原因是进口的模拟程控交换机价格昂贵，即使这样也无法满足市场需求。然而，这种状况不久就被改变了，一群完全不懂模拟交换技术的中国年轻人率先利用计算机技术发明了数字程控交换机——HJD04，以"巨大中华"①等为代表的中国通信企业打破了我国局用程控交换机被进口设备垄断的局面，并最终成为全球数字通信市场的主导者。

当一项重大工业革命性技术发明时，嵌入市场需求场景，就可能引起同行业及商业形态发生颠覆式变革。或者说，将是社会及商业创新发展的重要窗口期和机遇。

以上数字通信产品的诞生过程，就是离我们最近的案例之一。

蒸汽机、电力、计算机及互联网被公认为近代四大重要工业革命性技术发明。我们正处于以互联网、大数据、人工智能为代表的第四代工业革命的窗口期，未来还会有哪些重大商业变革的机遇?

今天，互联网/IT技术（含移动网络）在商业服务领域中的应用——电子商务的迅猛发展，已明显改变了传统商业零售业和生活服务业的形态，跨境电商（零售）逐渐成为新热点。

然而，直至今天，互联网在传统国际贸易中的应用（跨境贸易或数字贸易），并未发生重大实质性改变。这已成为全球贸易发展的短板，也是创新变革的机遇！

众所周知，自1978年中国对外开放以来，中国制造业产值已超过美、日、德三国的总和，成为名副其实的"世界工厂"，全球外贸出口第一，进口第二，同时也成为外贸企业特别是中小企业最多的国家，这种独特的外贸市场环境（场景）结合互联网技术的发展，导致我国在近20年中，涌现出了大批与传统国际贸易模式截然不同的外贸服务新业态。

包括跨境电商营销平台（在线交易撮合类）、跨境电商交付平台（外贸综合服务企业）②以及基于交易大数据的履约保障体系等，这些数字贸易服务平台正在改变传统国际贸易的交易方式、服务规则、信用体系，同时也推动贸易监管制度的改革，

---

①"巨大中华"指20世纪90年代中国通信行业的四大代表性企业，巨龙、大唐、中兴、华为。

②"外贸综合服务企业"指以阿里巴巴一达通为代表的，基于互联网的中小企业进出口业务流程外包服务平台。

其目标是降低跨境交易门槛，促进中小企业及欠发达地区发展，改变全球价值链，符合全球普惠贸易发展的大趋势。

"'行业＋领先企业'产教融合新形态系列教材"正是在这个大背景下推出的，教材系统地总结、整理了国内外知名跨境电子商务平台的运营经验、理论依据、规则标准等内容，适合各类电商专业院校、数字贸易学院作为教学材料。

数字贸易是数字经济时代的重要组成部分，大数据的应用将类比传统经济中的水、电、煤，成为经济发展的基本要素，而培育适应数字经济时代发展的人才，已成为把握未来的关键，相信我国在数字经济时代的教育实践与探索，能够成为全球数字贸易人才培育的标杆。

2019年6月 深圳

前 言

近年来，全球经济一体化格局已初步形成，我国在世界贸易体系中的地位也逐渐提升，综合国力不断增强。

加入世界贸易组织后，我国的进出口贸易进入快速发展阶段。2008 年受世界金融危机的影响，国际贸易增速有所下降。从 2010 年至今，我国国际贸易呈现稳步增长的趋势。

随着信息技术的不断发展，世界经济也逐渐由工业经济转变成为信息经济，使得国际间逐渐产生了信息产品贸易。与此同时，电子商务在全球范围内蓬勃兴起，已经成为推动世界经济快速增长的原动力之一。跨境电子商务应运而生，国际贸易也在逐渐向信息化方向发展。

全球经济的快速发展，互联网技术的兴起，使得国家与国家之间、企业与企业之间的竞争不断增强，我国的国际贸易正面临着新的机遇与挑战。因此，急需培养一批掌握国际贸易基础理论知识，熟悉国际贸易规则、管理和相关法规政策，拥有国际视野和创新能力的高素质应用型人才，来为我国的国际贸易发展蓝图添墨加彩。

本书紧密结合当前国际贸易的发展趋势，紧随互联网发展新潮流，系统全面地介绍了国际贸易的基础知识，涵盖了国际贸易所涉及的术语、单证、支付、物流、保险和通关等多个方面，对一些国际政策和法律法规做了详细的讲解，并创新引入跨境电商的相关知识。全书编写思路明确，内容广度和深度把握合理，理论知识体系完整。同时还为读者提供了配套的教学资源包，包括教学课件、视频等，旨在为相关专业学生和从业人员提供全面完整的国际贸易基础知识。

本书由全国跨境电子商务综合试验区职业教育集团和北京博导前程信息技术股份有限公司组织编写，桂海进主编。

本教材最后增加了“索引”部分，符合“前有目录，后有索引”的国际化出版规范。索引是通过分析图书正文内容，提取出有实质检索意义的词语，再按照人们熟悉的排序法排列索引词而形成的检索工具，以帮助读者精准、快捷地检索和阅读教材内容。索引内容由中国索引学会副会长、北京印刷学院王彦祥教授领衔编制，进一步提升了本教材的检索体系质量。

国际形势风云变幻，信息化时代日新月异，国际贸易的相关知识也在实践中不断更新和迭代。由于编者水平有限，本书或多或少还存在一些不足和欠缺，需要不断地加以完善和提升，敬请广大读者批评指正。

目 录

第1章 关于国际贸易

国际贸易是各国在国际分工的基础上相互联系的主要形式之一，反映了世界各国在经济上的相互依赖关系，是由各国对外贸易的总和构成的。

改革开放以后，在经济全球化的背景下，我国在国际贸易领域蓬勃发展。国际贸易内涵的扩大，是世界各国产业结构变化的反映，也是社会生产力发展的必然结果。但是随着社会生产力的不断发展，各国间专业化分工越来越细，国际贸易的规模、结构、流向、地区分布和贸易利益的分配等均发生了较大变化。

【知识目标】

1. 了解国际贸易的概念。

2. 了解国际贸易的分类。

3. 了解国际贸易的作用。

4. 了解国际贸易的产生和发展。

5. 了解国际贸易与国内贸易的区别。

【能力目标】

1. 能够按不同标准对国际贸易进行分类。

2. 掌握国际贸易与国内贸易区分的方法。

1.1 国际贸易认知

1.1.1 国际贸易的概念

1. 国际贸易与对外贸易

(1)国际贸易(International Trade)

国际贸易是指世界各国(或地区)在商品和劳务等方面进行的交换活动,它是由世界各个国家(或地区)的对外贸易组成的。

(2)对外贸易(Foreign Trade)

对外贸易是指一国(或地区)同其他国家(或地区)之间在商品和劳务等方面进行的交换活动。

国际贸易与对外贸易既相互联系又有所区别,它们之间是总体与局部、一般与个别的关系。国际贸易是从全世界范围内来研究国际间在商品与劳务等方面进行的交换活动,因此又称为世界贸易(World Trade)。国际贸易是从总体的角度,即从全世界范围来观察和分析这种交换活动的。而对外贸易则是从局部,即从一个国家(或地区)的角度来观察和分析这种交换活动的,对于某些海岛型国家(或地区)如英国、日本等,通常将其对外贸易称为海外贸易(Oversea Trade)。

2. 贸易额与贸易量

（1）贸易额（Value of Foreign Trade）

贸易额也叫贸易值，它是以货币表示的贸易金额。各国的对外贸易额是用本国货币表示的，因此需要把各国的对外贸易额折算成相同的货币单位来表示。由于美元是当代国际贸易的主要结算货币，也是国际储备货币，所以为了便于比较，许多国家除了用本国货币表示其贸易额外，还用美元来表示其贸易额。

一国的对外贸易是由出口和进口两部分组成的。出口额（Value of Exports）是指一国在一定时期内（如一年、半年）向国外出口商品的全部金额；进口额（Value of Imports）是指一国在一定时期内从国外进口商品的全部金额。一国的出口额与进口额之和，即为该国的对外贸易额。从国际范围来看，一国的出口就是另一国的进口，如果把世界各国的进出口额相加作为国际贸易额就会造成重复计算。

由于各国币值经常波动，所以单纯用货币来计算的贸易额并不能准确反映贸易的实际规模及其变化趋势，故需要用贸易量来表示。

（2）贸易量（Quantum of Trade）

贸易量是以进出口商品的计量单位来表示，用于反映贸易规模的指标。按照实物计量单位进行统计，其优点是可以剔除价格变动因素对贸易额带来的扭曲影响，更准确地反映实际贸易规模及其变动。按照这种计算方法计算出来的对外贸易额已经剔除了价格变动的影响，单纯反映了对外贸易的规模，故称对外贸易量（Quantum of Foreign Trade）。

3. 贸易差额

贸易差额（Balance of Trade）是指一定时期内（如一年、半年、一个季度、一个月）出口额与进口额间的差额。出口额大于进口额为出超（Excess of Export Over Import），又称为贸易顺差（A Favorable of Export Trade）；进口额大于出口额为入超（Excess of Import Over Export），又称为贸易逆差（An Unfavorable of Export Trade）。贸易顺差表明一国在国际贸易上收入大于支出，贸易逆差表明一国在国际贸易上收入少于支出。

4. 现货交易与期货交易

（1）现货交易（Spot Trading）

现货交易是传统的货物买卖方式，指一手交钱一手交货的商品货币交换。现货交易包括物物交换、即期交易（钱货两清）和远期交易。

一般来讲，现货远期交易需要签订现货合同。现货合同作为一种协议，明确规定了交易双方的权利与义务，包括双方交易商品的品质、数量、价格和交货日期等。买卖双方签约后，必须严格按照合同内容执行。在合同期内，即使市场行情朝着不利于交易的某一方发展，这一方也不能违约。此外，如果交易的某一方因缺乏资金或发生意外事件，便有可能会出现难以履约的情况。

（2）期货交易（Futures Trading）

期货交易是以现货交易为基础、以远期合同交易为雏形而发展起来的一种高级贸易方式。它是指在期货交易所内，按照一定规章制度进行的标的物为期货合同（Futures Contract）的买卖。

现货交易与期货交易就相同商品而言，因受共同的供求关系及生产成本的影响，具有基本相同的价格变化趋势。利用这一点，可以通过现货、期货两个市场套做，实现商品买卖的套期保值。

1.1.2 国际贸易的分类

1. 按商品形态不同分类

（1）有形贸易

实物商品的进出口称为“有形贸易”（Visible Trade），或称“有形商品贸易”（Tangible Goods Trade），简称货物贸易（Goods Trade）。

（2）无形贸易

一切不具备物质自然属性的商品或无实物形态的商品的进出口称为“无形贸易”（Invisible Trade），包括运输、保险、金融、旅游和技术转让等劳务的提供与接受，以及其他非实物形态商品的进出口贸易活动。

有形商品的进出口须经过海关并办理海关手续，其贸易额显示在海关的贸易统计表中，是国际收支的主要构成部分；无形贸易虽然也是构成国际收支的一部分，但却不经过海关，其贸易额通常不显示在海关的贸易统计上，而是显示在一国的国际收支平衡表上。

2. 按统计标准不同分类

（1）总贸易

总贸易（General Trade）是以货物通过国境作为统计对外贸易的标准。凡是进入本国国境的货物一律记为进口，称为“总进口”（General Import）；凡是离开本国国境的货物一律记为出口，称为“总出口”（General Export）；两者之和为总贸易额。

（2）专门贸易

专门贸易（Special Trade）是以货物通过关境作为统计对外贸易的标准。关境是指一国海关法规全部生效的领域。所以关境与国境可能存在不一致，例如，保税区和自由贸易区的存在使国境要大于关境；而几个国家结成关税同盟，对外统一征收关税，内部则自由贸易、互免关税，此时关境要大于国境。

3. 按贸易形式不同分类

（1）一般贸易

一般贸易是指国内境内企业单边进口或单边出口货物的交易形式，但投资设备、捐赠等交易形式除外。

（2）加工贸易

加工贸易是指国内企业从境外进口的全部或部分原辅材料、零部件、元器件、配套件和包装物料等，在经加工或装配后，将成品或半成品复出口的交易形式。该项业务主要包括来料加工和进料加工两种贸易方式。

4. 按商品流向不同分类

（1）出口贸易

出口贸易又称输出贸易（Export Trade），是指本国生产或加工的商品输往国外市场进行销售。从国外输入的商品，未在本国消费又未经本国加工而再次输出国外，称为复出口或再输出贸易（Re-Export Trade）。

（2）进口贸易

进口贸易又称输入贸易（Import Trade），是指将外国商品输入本国市场进行销售。

输往国外的商品未经消费和加工又输入本国，称为复进口或再输入贸易（Re-Import Trade）。

（3）过境贸易

过境贸易又称通过贸易（Transit Trade），是指某种商品从甲国经乙国输往丙国进行销售，该商品的输入和输出对乙国而言即为过境贸易。这种贸易对乙国来说，既不是进口，也不是出口，仅仅是商品过境而已。

5. 按贸易有无第三国参加分类

（1）直接贸易

直接贸易（Direct Trade）是指货物生产国将货物直接出口到消费国，消费国直接进口生产国的货物时两国之间发生的贸易，即由进出口两国直接完成的贸易。

（2）间接贸易

商品生产国不直接向消费国出口，商品消费国也不直接从生产国进口，而经由第三国商人来完成贸易，这种形式的国际贸易称为间接贸易（Indirect Trade）。

（3）转口贸易

商品生产国和消费国通过第三国进行的贸易，对第三国而言就是转口贸易（Transit Trade）。转口贸易又可分为两种：一种为直接转口贸易，商品还是从生产国直接运往消费国，但转口商人参与商品的交易过程，分别与生产国的出口商和消费国的进口商订立买卖合同；另一种为间接转口贸易，商品由生产国输入转口国，再由转口国商人负责向消费国输出。

6. 按清偿工具分类

（1）自由结汇贸易

自由结汇贸易是指以货币作为清偿工具的国际贸易，又称现汇贸易（Cash-Liquidation Trade），但作为清偿工具的货币必须是能在国际金融市场上自由兑换的国际货币。

（2）易货贸易

易货贸易是指不以货币为媒介，直接以货物相交换的国际贸易。

7. 按经济发展水平分类

（1）水平贸易

水平贸易（Horizontal Trade）是指经济发展水平比较接近的国家之间开展的贸易活动。例如，发达国家之间开展的贸易活动或者发展中国家之间开展的贸易活动。

（2）垂直贸易

垂直贸易（Vertical Trade）是指经济发展水平不同的国家之间开展的贸易活动。例如，发达国家与发展中国家之间进行的贸易活动。

8. 按货物运输方式不同分类

（1）陆路贸易

陆地毗邻国家之间的贸易多采取陆路贸易（Trade by Roadway），主要运输工具是火车和卡车。

（2）海路贸易

货物通过海上运输的国际贸易称为海路贸易（Trade by Seaway），主要运输工具是各类船舶，这是国际贸易的最主要运输方式。

（3）空运贸易

单位价值较高或数量较少的货物，为争取时效，往往以航空货运方式装运，称为空运贸易（Trade by Airway）。

（4）邮购贸易

数量很少的交易，通常也有采取邮政包裹的方式寄送，称为邮购贸易（Trade by Mail Order）。

（5）多式联运贸易

多式联运贸易是指通过海陆空各种运输方式相结合来运送货物的行为。国际物流迅猛发展促进了这种方式的贸易。

1.1.3 国际贸易的作用

国际贸易对参与贸易的国家乃至世界经济的发展具有重要作用，具体表现在以下几方面。

1. 促进生产要素的合理利用，调节各国市场的供求关系

劳动力、资本、土地和技术等生产要素在各个国家的分布往往是不平衡的，从而出现一部分生产要素闲置或浪费，而另一部分短缺的生产要素严重制约了生产规模及社会生产力的发展，导致各国国内既存在产品供不应求的状况，又存在各种形式的产品过剩状况。通过国际贸易，将国内富余的生产要素与其他国家交换国内短缺的生产要素，从而使短缺生产要素的制约得以缓解或消除，富余生产要素得以充分利用，扩大生产规模，加速经济发展，从而调节了各国的市场供求关系。

2. 发挥比较优势，促进优势商品生产

各国参与国际贸易的重要基础是比较利益和比较优势。通过国际贸易，进口本国居于劣势的商品，可在社会生产力不变的前提下提高生产要素的效能，扩大优势商品生产，缩小劣势商品生产，从而提高生产效率，获得更大的经济效益。

3. 增加财政收入，提高国民福利水平

国际贸易的发展，可为一国政府开辟财政收入的来源。政府可从对过往关境的货物征收关税、对进出口货物征收国内税、为过境货物提供各种服务等方面获得大量财政收入。国际贸易还可以提高国民的福利水平，它可以通过进口国内短缺而又迫切需要的商品，或者进口比国内商品价格更低廉、质量更好、式样更新颖、特色更突出的商品，来使国内消费者获得更多的福利。此外，国际贸易的扩大，特别是劳动密集型产品出口的增长，将为国内提供更多的就业机会，间接增进国民福利。

1.2 国际贸易的产生和发展

随着全球经济的快速发展，国际贸易遇到了新的机遇与挑战。全球经济一体化格局已初步形成，中国在世界贸易体系中的地位也逐渐提升，综合国力不断增强。但是受产业结构、产业技术等方面的制约，中国的国际贸易还有很大的发展空间。

1.2.1 国际贸易的产生

国际贸易的产生必须具备两个条件：有可供交换的剩余产品和在各自为政的社会实体（国家）间进行商品交换。因此，从根本上说社会生产力的发展和社会分工的扩大是对外贸易产生和发展的基础。

原始社会初期，不存在跨越国界的国际贸易。奴隶社会时期的对外贸易，随着超越国界交换活动的频繁发生有了初步的发展，但这个时期的对外贸易是有限的。

封建社会的国际贸易与奴隶社会相比较又有了进一步的发展。无论是在奴隶社会还是封建社会，国际贸易只能是局部的、个别的、偶然的贸易活动。真正意义上的国际贸易是从资本主义的兴起而开始的，这是由资本主义的基本经济规律、社会形态及特征所决定的。

资本主义社会国际贸易的发展大致经历了四个时期，分别为资本主义生产方式准备时期、资本主义自由竞争时期、资本主义垄断时期以及第二次世界大战结束后的新时期。

国际贸易的格局在第二次世界大战后，从以垂直分工为主过渡到以水平分工为主，即以发达国家和发展中国家的贸易为主过渡到以发达国家之间的贸易为主。这表明，人类生产力的发展越来越依靠技术的进步而进步，而且发达国家的跨国公司在当代国际贸易中发挥的作用也越来越大。

联合国有关机构的统计数字表明，在 20 世纪 90 年代，世界贸易总额的三分之二与跨国公司有关，而且大部分国际贸易是在跨国公司内部进行的。在这样的情况下，一个后进的发展中国家要迅速发展经济，就必须学会怎样和跨国公司打交道，学会走改革开放之路。事实上，在第二次世界大战之后，有一些发展中国家通过实施出口导向型的经济发展战略，积极参与国际分工和国际贸易，使本国的经济快速成长。经过一段时期的经济发展，使本国进入以新兴工业化产品为主要贸易的国家行列。

国际贸易是在一定的历史条件下产生和发展起来的。形成国际贸易的两个基本条件是社会生产力的发展和国家的形成。社会生产力的发展产生出用于交换的剩余商品，这些剩余商品在国与国之间交换，就产生了国际贸易。

1.2.2 国际贸易的发展

发展国际贸易，可显著提升国家的整体经济实力，国际贸易对一个国家的公民、企业乃至这个国家都有至关重要的意义。在经济全球化的背景下，国际贸易竞争越来越激烈，其发展呈现出自由化、全球化、信息化、多元化和规范化的趋势特征。

1. 自由化

随着科技的发展，全球各国的生产要素流通更加自由，生产要素会自由地流向最被需要、最有价值的地方，以更好地实现资源的有效配置，提升全球资源的配置效率。国际贸易的对象和主体范围越来越大，使其不再仅仅局限于实物产品，而是拓展到服务、技术和投资等方面。同时，参与国际贸易的国家和跨国企业也越来越多，这些都促使国际贸易更加自由化。

2. 全球化

随着国际贸易的发展，国际竞争愈加激烈，企业在国际竞争中必须通过不断地交流、学习、借鉴，引进先进技术及管理理念，来提升企业生产技术，优化企业管理，从而提升企业的国际竞争力。企业通过全球化市场，寻找最佳的生产产地、原料产地，降低生产成本，同时通过全球化市场，找到最适合自己发展的市场，占领最有优势的市场，扩大自己在全球的市场占有率。通过在国际贸易中不断地优化内部结构，提升国际竞争力，有利于提升国家整体的经济实力，优化整个国家的产业结构，促进国际贸易全球化的发展。

3. 信息化

21 世纪是信息化、科技化时代，计算机技术和互联网技术步入高速发展轨道。近年来，国际贸易的发展模式也逐渐转换为以计算机及互联网为媒介的新型发展模式，计算机和互联网使得商业合作伙伴间的联系更加便捷，促进了国际贸易信息的沟通和交流，显著提升了企业的管理水平和竞争力。

问题与思考

如何理解计算机和互联网在促进国际贸易交流中充当的角色？

1.2.3 国际贸易与国内贸易的对比

1. 所处的条件不同

国际贸易是在经济结构、生产条件、生产力水平、经济政策、产业政策和贸易政策显著不同的国家间进行的商品交换活动。国家间语言、生活风俗习惯和宗教信仰的不同，都会导致消费习惯的差异。

从事国际贸易相关的工作必须随时掌握世界市场动态，了解贸易对象的资信状况，熟悉目标市场的法律制度和相关规则，收集并分析这些资料。而国内贸易是在同一经济法律制度下一国内部的商品交换，语言和风俗习惯的差异较小，在同一市场上了解各方面的资讯会更容易一些。

2. 交易的复杂程度不同

各国各地市场商业习惯不同，对国际贸易中的规则与条例理解也可能不一致，这些都需要交易双方进行沟通并寻求一致，避免产生贸易纠纷。世界各国都设有海关，对于货物进出口都有许多规定，货物的进出口要履行报关手续，而且出口货物的种类、品质、规格、包装和商标也要符合相关国家的各种规定。此外，跨国货物运输和保险、国际结算与汇兑也增加了国际贸易的复杂性。

3. 货币制度的影响不同

各国货币制度的差异，增加了交易的复杂性。在国际贸易中，贷款的清偿多以外汇支付。由于汇率波动大，计价货币的选择会影响交易者的利益，给交易定价带来复杂性。国际贸易的交易结算涉及多国的银行，还与各国外汇管理制度、汇率制度有关，增加了国际汇兑的复杂性，国际贸易比国内贸易的交易结算复杂得多。

4. 商品和生产要素的流动性存在差异

商品和生产要素的国际间移动相对不自由，国际间竞争的不完全性相对较大；而国内移动则相对自由，竞争的不完全性相对较小。同时，国际间贸易受到的管制较多，各国往往采取关税壁垒与非关税壁垒来限制外国商品的进口，对国际贸易造成了许多障碍，而国内贸易障碍相对较少。

5. 风险不同

国际贸易的风险大于国内贸易的风险。商品交换必然存在一定的风险，但相比之下，国际贸易的风险更多也更大，其表现在政治风险、法律风险、市场风险、合同风险、信用风险及结算风险等方面。

本章小结

通过本章的学习，使读者对国际贸易的概念有了初步了解；学习掌握国际贸易分类的方法，了解国际贸易的分类和作用；通过国际贸易的产生起源了解国际贸易的发展历程。通过分析国内外贸易的区别进一步加深对国际贸易的理解，从而帮助读者建立起对国际贸易的基础认知。

跨境电子商务与国际贸易

随着互联网技术的不断发展，网络交易得到了社会大众的广泛认可，跨境电子商务作为一种新型的国际贸易模式正在快速发展。这种新型的贸易模式促进了全球经济一体化的发展，企业经营模式、消费者消费方式、交易方式等都发生了改变，从而对政府监管模式的改变也起到了促进作用。在跨境电商发展的过程中，国家和企业需要不断推进综合型人才培养，加速国际贸易模式转型发展，建立健全法律法规，构建良好的发展环境，规范国际贸易物流体系，推进跨境产业平台建设等。

【知识目标】

1. 了解跨境电子商务的概念及优势。

2. 了解跨境电子商务的发展概况。

3. 熟悉跨境电子商务的模式。

4. 了解具有代表性的跨境电商进出口平台。

5. 理解跨境 B2B 与国际贸易之间的关系。

【能力目标】

1. 掌握跨境电子商务的模式划分。

2. 分析跨境 B2B 与国际贸易的关系。

2.1 跨境电子商务概述

2.1.1 跨境电子商务认知

1. 跨境电子商务的定义

跨境电子商务（Cross-Border Electronic Commerce），简称跨境电商，是指分属不同关境的交易主体，通过电子商务平台达成交易、进行支付结算，并通过跨境物流送达商品、完成交易的一种国际商业活动。这种新型贸易方式依托互联网平台，具有门槛低、环节少、周期短等方面的优势。通过制定跨境电子商务综合服务体系以及跨境电子商务进出口所涉及的在线通关、检验检疫、退税、结汇等基础信息标准和接口规范，实现海关、国检、国税、外管等部门与电子商务企业、物流配套企业之间的标准化信息流通。

2. 跨境电子商务的分类

跨境电子商务的分类如下。

① 按进出口方向，可分为出口跨境电子商务和进口跨境电子商务。

② 按交易模式，可分为企业之间的电子商务交易（B2B）、企业对消费者的零售交易（B2C）和外贸个人对个人的网络零售业务（C2C）。

目前我国跨境电子商务出口业务以外贸 B2B 和 B2C 为主，进口模式以外贸 B2C

以及网络海外代购模式为主。

3. 跨境电子商务的优势

跨境电子商务作为推动经济一体化、贸易全球化的技术基础，具有非常重要的意义。跨境电子商务不仅冲破了国家间的障碍，使国际贸易走向无国界贸易，同时它也正在引起世界经济贸易的巨大变革。对企业来说，跨境电子商务构建的开放、多维、立体的多边经贸合作模式，极大地拓宽了进入国际市场的路径，大大促进了多边资源的优化配置与企业间的互利共赢；对于消费者来说，跨境电子商务使其非常容易地获取其他国家的产品信息并买到物美价廉的商品。

跨境电子商务快速发展，与其贸易方式所具有的独特优势相关。

（1）适应国际贸易的最新发展趋势

跨境电子商务的兴起是全球经济发展的需要。2008 年全球金融危机之后，消费者收入增长趋缓，逐渐开始直接通过网络购买国外的价低质优产品，而部分海外进口商出于缓解资金链压力和控制资金风险的考虑，也倾向于将大额采购转变为中小额采购，将长期采购转变为短期采购。传统外贸中的大额订单大幅缩减，而跨境电子商务以其小额交易、低成本、低风险、敏捷灵活等特点迎合了海外买家的需求。

（2）能有效降低产品价格

跨境电子商务省去了大量复杂环节，商品仅需经过工厂、在线平台、海外商人即可到达消费者手中，有效地减少了商品流转成本，增加的外贸净利润可能达到传统贸易的数倍。未来外贸链条还可以更加简化，产品从工厂经过在线平台可以直接到国外消费者手中。原来的中间成本一部分变成生产商的利润，另一部分成为电子商务平台的佣金，剩下的则成为消费者获得的价格优惠。跨境电子商务企业若能采用集中采购备货模式，还能继续降低商品采购和物流成本。

（3）上下游多属现代服务业

跨境电子商务作为一种新型的国际贸易模式，与之相关联的物流配送、电子支付、电子认证、IT 服务、网络营销等，都属于现代服务业内容，均建立在信息技术业务系统之上。货物交易过程中，不仅商品本身已经基于二维码、条形码进行了物品编码，而且商品的流通过程也可以在电商平台实时查询、跟踪，并通过网银或第三方电子支付平台进行支付。

（4）以消费者为主导

跨境电子商务平台让全球同类产品同台亮相，使消费者拥有了更大的自主选择权，不受时间、不受地域限制。跨境电子商务的普及化也使消费者的购物行为越来越理智，这是一种以消费者为导向，强调个性化的交易方式。消费者的选择对跨境电子商务的发展产生了巨大的拉力。

2.1.2 中国跨境电子商务的发展状况

1. 跨境电子商务的发展历程

随着全球互联网技术的快速发展，以电子商务为依托的跨境电子商务正在逐步影响传统进出口贸易。中国跨境电子商务发展主要分为三个阶段。

（1）萌芽阶段（1997—2007 年）

跨境电子商务起步初期，以网上展示、线下交易的外贸信息服务模式，为企业和产品提供信息展示的平台。这个时期诞生的代表企业有中国化工网、中国制造网、阿里巴巴等。

（2）发展阶段（2008—2013 年）

跨境电子商务摆脱单纯的信息展示平台功能，打通交易、支付、物流等环节，实现在线交易平台。阿里巴巴速卖通等面向海外个人消费者的中国跨境出口电子商务平台蓬勃发展，洋码头、小红书早期跨境进口电子商务平台开始显现。

（3）爆发阶段（2014 年至今）

监管制度的创新和消费观念的升级，使跨境电商全产业链都出现了快速的发展。这一时期诞生了大批跨境进口电子商务企业和平台，包括天猫国际、网易考拉、聚美优品等。

2. 跨境电子商务的市场规模

跨境电商作为贸易发展的新渠道，对进出口贸易的影响越来越显著。近几年我国进出口贸易市场呈现出波动发展的趋势，而我国跨境电商交易额则保持高速增长的趋势。根据我国海关数据显示，2017 年我国进出口贸易总额达 27.79 万亿元，同比增长 14.2%，为六年来首次实现双位数增长。而艾瑞咨询数据显示，我国 2017 年跨境电商交易额达到 7.6 万亿元，同比增长 20.6%，增速远高于传统进出口贸易，渗透率达 27.35%。根据此前阿里巴巴的数据预测，2020 年我国跨境电商交易额将达到 12 万亿，三年复合增长率为 16.44%，渗透率达 37.6%，未来跨境电商发展市场空间巨大，如图 2-1 所示。

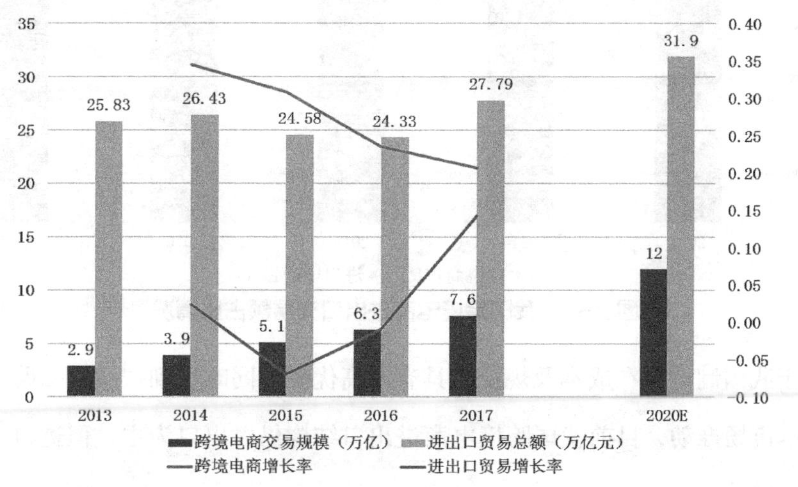

图 2-1　我国跨境电商交易额保持高速增长

3. 跨境电子商务的发展现状

（1）野蛮扩张即将结束，跨境电商发展进入新阶段

我国跨境电商正处于快速发展时期，资本投入带来的流量红利推动企业快速成长，未来随着行业进入成熟期，野蛮扩张结束，提升客户体验感等软实力成为企业核心，而产品差异化、规模集中化、平台化、流量转换率等指标成为继续推动企业成长的关键因素。

（2）跨境电商交易规模不断增长，出口基数大且进口增速快

根据海关总署与艾瑞咨询统计数据，2016 年我国跨境电商交易额 6.3 万亿元，进出口比例为 17.9：82.1；2017 年我国跨境电商交易额达 7.6 万亿元，进出口比例为 23.2：76.8。从数据来看，交易规模逐年增加，增速较为平稳。我国跨境电商进出口交易额占比情况如图 2-2 所示。

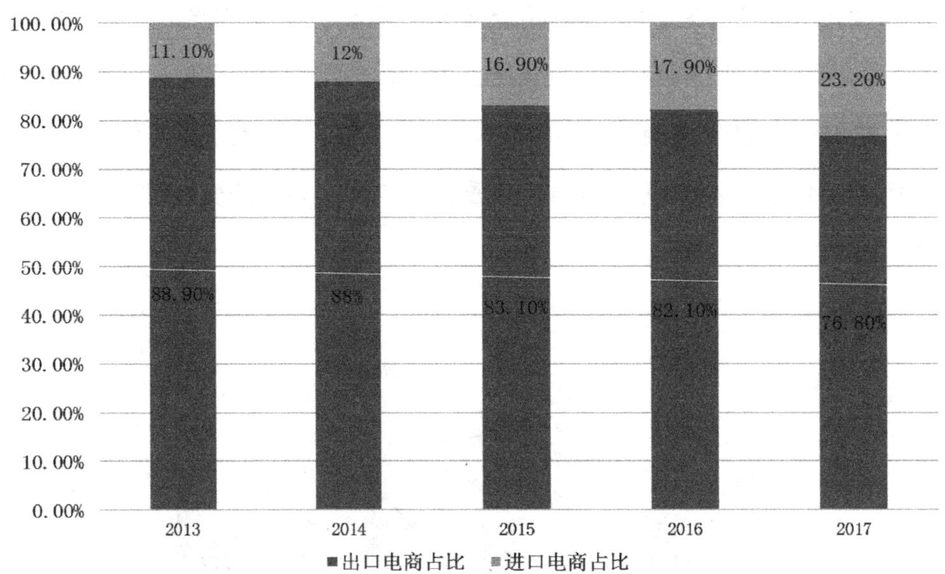

图 2-2 我国跨境电商进出口交易额占比情况

由于我国制造业在成本及规模上具有较高优势，同时受到“一带一路”倡议影响及资本市场推动，目前我国跨境电商进出口结构仍以出口为主，但进口电商占比也在逐年攀升。

（3）海外仓的物流模式成为主要选择

跨境电商和境内电商的显著区别在于物流。跨境物流周期长、成本高、流程复杂，物流已成为影响跨境电商发展的重要因素。海外仓的物流模式能快速地提升货物整体的运行能力，给予客户更好的购物体验，从而受到跨境电商平台的关注。

（4）跨境电商发展多次成为两会焦点，行业规模稳居世界前列

从国内发展前景来看，跨境电商多次成为两会焦点。跨境电商作为我国对外贸易的新增点，得到了中央政府的持续关注。继 2014 年、2015 年和 2017 年以来，国务院总理李克强再次在 2018 年的《政府工作报告》中提及“跨境电商”，将跨境电商发展作为“坚持对外开放的基本国策”的工作项目之一。

从全球范围内来看，我国网购产品受到各国人民的喜爱，具备良好的发展基础。中国作为“世界工厂”，在产品品类的丰富度、价格以及产能上具备竞争优势。2016 年中国跨境电商产品销售额首次超过美国，成为全球第一。根据中国电子商务

研究中心统计，我国出口的跨境电商产品主要集中在 3C 电子产品、服装服饰以及户外用品等。2016 年，PayPal 和 Ipsos 联合发布的《第三届全球跨境贸易报告》显示，中国跨境电商出口产品已经成为全球范围内最受欢迎的商品，同时中国也成为最受全球网购消费者欢迎的海淘国家。

2.1.3 跨境电子商务的发展趋势

跨境电子商务在经历了 2016 年、2017 年的飞速蓬勃发展后，到 2018 年进入了空前繁荣而又硝烟弥漫的阶段。随着资本的不断涌入，人工智能、AR 等新技术的应用，以及各平台、品牌在概念和运营上的推陈出新，这些都让这个行业既存在着激烈的竞争，但同时又孕育出无限生机。

1. 技术人性化

AI（人工智能）和 AR/VR（增强现实 / 虚拟现实）等新技术在 2017 年已经被多方面尝试和初步使用。在购物体验上，消费者通过图片或者产品视频了解商品信息的购物模式或将被打破，在一些新的消费场景下，AI 和 VR 等技术的应用，使得消费者能通过设备让自己身临其境。消费者可以自己置身于想购买产品的虚拟环境下体验，获得更加人性化的购物体验。

目前多家跨境电商平台已着力于新技术的开发，eBay 网站推出的人工智能应用 ShopBot（购物机器人），帮助消费者挑选商品和处理售后等问题，充当虚拟客服；天猫商城、京东商城等推出的虚拟试衣功能，实现屏幕前衣服的试穿与选择。未来跨境电商将不再只是单调的图片和文字信息筛选，购物体验将更加丰富化、人性化。

2. 品牌全球化

2017 年“双 11”购物节中，100 多个优质国货品牌出口，前往 200 多个国家和地区，覆盖了近亿海外华人和全球消费者。传统的产品和贸易更加集中地针对某一特定的市场，但在互联网快速发展的大趋势下，跨境电商平台不是仅需要满足一两个市场，而是需要满足全球需求。“地球村”的概念在跨境电商平台中更加明显。国内的消费者可以更加便利、充分地享受海外的品牌和服务，而国内的品牌也有更多渠道输出到世界各地。对于跨境电商来说，走在消费者需求前列、更加全球化，才能享受这种趋势带来的利益和好处。

3. 用户年轻化

根据行业权威报告《2017 中国跨境电商指数白皮书》，中国跨境海淘用户中购买力最强的人群为 80 后，90 后紧随其后。根据跨境网购用户的信息显示，高学历、收入稳定的年轻人成为消费主力军。

此外，随着 95 后逐渐成长，进入社会，他们也成为不容忽视的消费力量。作为从小被电子产品、智能电子、网络渗透影响的 95 后，生活就是互联网的数字化高度集中的表现。新一代年轻人有着和过去任何一代人都完全不同的生活体验，获取信息的渠道和速度决定了他们拥有创新性思维，因此他们更愿意也能快速地接受新鲜信息。在消费上，年轻一代的消费者，更加关注商品品质和商品的独特性。

只有抓住年轻的消费者，也就是“数字原生代”这群年轻而庞大的消费群体，电子商务平台才可能获得可持续性的成功。

4. 营销社交化

一切营销的结果都依赖于传播，而在互联网时代，当传播结合社交互动，让用户自发性地在社群环境下进行二次传播，营销就会产生意想不到的巨大效果。数据显示，UGC（用户原创）内容对消费者购物决策的影响，比其他类型的媒体内容高 20%。当用户的观点产生影响力，并逐渐累积，形成“意见领袖”，话语权和影响力可能比一支专业团队打造的营销方案更大。

目前国内已有多家跨境电商平台开启并运用社交化营销策略。可以预见，随着越来越多喜欢发声和乐于分享的年轻消费者进入消费大军，社交化营销将继续成为跨境电商平台营销策略的重点。

5. 物流极速化

物流一直是跨境电商的痛点，在面对不同国家政策、法律、环境上的差异，以及消费者发货快、物流快及收货无损的期望和要求时，跨境电商面临着巨大的挑战。

目前国内跨境电商平台在不断地完善自身物流配送体系，在境外加紧建设海外仓，在境内建设保税仓，未来的发展方向必然是跨境购物像购买国内货物一样极速送达，使消费者获得与本国国内网购一样的物流体验。

2.2 跨境电子商务的模式及代表性平台

2.2.1 跨境电子商务模式认知

本书所讨论的跨境电子商务模式仅指出口跨境电子商务模式。

1. 以交易主体类型分类

（1）B2B 跨境电子商务平台

B2B（Business to Business）跨境电子商务平台所面对的最终客户为企业或集团客户，提供企业、产品、服务等相关信息。目前，中国跨境电商市场交易规模中 B2B 跨境电子商务市场交易规模占总交易规模的 90% 以上。在跨境电子商务市场中，企业级市场始终处于主导地位。代表企业有敦煌网、中国制造、阿里巴巴国际站、环球资源网等。

（2）B2C 跨境电子商务平台

B2C（Business to Customer）跨境电子商务所面对的最终客户为个人消费者，针对最终的客户以网上零售的方式，将产品售卖给个人消费者。

3C 类跨境电子商务平台在不同垂直类目的商品销售上也有所不同，如 FocalPrice 主营 3C 数码电子产品，兰亭集势则在婚纱销售上占有优势。3C 类跨境电商市场正在逐渐发展，并且在中国整体跨境电子商务市场交易规模中的占比不断提高。未来 3C 类跨境电子商务市场将会迎来大规模增长。代表企业有全球速卖通、亚马逊（Amazon）、DX（Deale Xtreme）、兰亭集势、米兰网、大龙网等。

（3）C2C 跨境电子商务平台

C2C（Customer to Customer）跨境电子商务所面对的最终客户为个人消费者，商家也是个人卖方。由个人卖家发布售卖的产品和服务的信息、价格等内容，个人买方进行筛选，最终通过电子商务平台达成交易，进行支付结算，并通过跨境物流送达商品，完成交易。代表企业有 Wish 等。

2. 以平台运营方式分类

（1）平行型

平行型电子商务有开放性集市模式和管理型集市模式两种形式。亚马逊、京东商城是典型的管理型集市模式。全球速卖通、eBay、敦煌网等都是典型的开放性集市模式。开放性集市模式即只做平台服务，而不参与物流、配送和质量管控等环节。从发展情况来看，开放性集市模式最早在英美爆发，并且发展很快。但近两年来以亚马逊为代表的管理型集市模式却表现出色，大有反超之势。所谓管理型集市模式，即电商平台虽然不持有任何商品，但是会参与货物配送、质量控制和退换货等环节的管理，能为顾客提供更加良好的服务。

亚马逊最大的特色是FBA，即在全球100多个国家都建立了仓储运营中心。与从国内发货相比，海外仓和海外本土化服务能够更好地服务于消费者，提高购物体验，从而能够极大地促进跨境电子商务的发展。

国内大龙网试图摆脱传统平台模式的束缚，立足发展中国家，积极发展以移动和社交商务为特色的“约商”，大力建设海外展示展销平台，把展会搬到国外去，并辅之以供应链为特色的外贸综合服务平台，外引内联，进出口相结合，发展国内、国外两个市场。

由此可见，同样是平台型电子商务，但都不完全相同，甚至彼此差异很大。目前中国跨境电子商务主要是亚马逊、eBay和速卖通三强鼎立。这三者之间又各具特色，形成差异化竞争和发展。

（2）垂直型

垂直型电子商务一般指不依托第三方平台，自己构造电子商务体系、自建网站、自己引流，如兰亭集势、DX等。垂直电商的流量都是自己一手打造的，比较稳定，客户忠诚度比较高，但是引流成本高，引流技术比较复杂。

同样是垂直模式，各个电商之间又是不同的。例如，兰亭集势（以下简称：兰亭）是技术派，兰亭将搜索引擎优化在谷歌广告投放精准性做到极致。从2008年起，兰亭就已经开始熟练运用博客营销并已经开始尝试Facebook，2009年在YouTube上发布了公司视频和产品视频，2010年在Twitter上已有数以万计的拥护者。

DX则属于实战派，采用论坛营销聚集客户，通过和论坛合作，推送网站相关产品信息、打折优惠信息等。其创始人陈灵健首创的比价功能（price match），后来成为外贸B2C网站的标配。同时DX通过给eBay卖家做海外物流、航邮小包，也积累了几十万海外客户的资源。免运费、超低价是DX的核心竞争力，全网意识让其继续脱颖而出。

垂直也可以理解为深耕某个行业，其优势在于专注和专业，能够提供更加符合特定人群的消费产品，满足某一领域用户的特定习惯，因此能够更容易取得用户信任，从而加深产品的印象和口碑传播，形成品牌和独特的品牌价值。

（3）第三方平台卖家

第三方平台卖家主要是指在亚马逊、eBay、速卖通、Wish等国际平台上开店的卖家。数据显示，中国跨境电子商务包裹70%来自深圳，90%的大卖家也在深圳。深圳、广州、杭州和义乌是跨境电子商务最发达的地区。目前中国跨境电子商务绝大部分是第三方平台卖家。

（4）品牌电商

品牌电商是跨境电子商务当中最有活力、表现最抢眼的。品牌能够吸引消费者，大大降低跨境电子商务的营销成本，消费者对品牌的忠诚度也决定了高转化率和复购率，可以说品牌是跨境电子商务最有价值的资源。

目前跨境电子商务品牌主要有两种形式。一种是传统品牌凭借品牌的口碑和实力开拓市场。比如，苹果是世界上最大的跨境电商品牌之一；国内奥克斯跨境电商能做到40多个亿。传统品牌由于根植于传统经济，拥有先天资源和优势，一旦接触并掌握了网络品牌运营规律，就能够快速高效地向线上扩张。因此，传统品牌才是跨境电商发展的主流。另外一种是新锐品牌。这些品牌具有互联网传播快、经济高效、低成本互动等特点，利用整合成熟的网络营销和网络零售技术，在以社交媒体为代表的新媒体甚至自媒体平台上，依托线上线下的二元市场，建立的一种对市场反应灵敏的、以消费者为导向的、以互动为特征的新型网络品牌模式。比如大众所熟知的淘品牌，就是在淘宝平台上快速成长起来的快销时尚品牌。

（5）泛渠道模式

泛渠道即多个渠道同时开店。比如深圳通拓科技就是以“泛供应链、泛渠道”模式经营见长，通过eBay、亚马逊、速卖通、敦煌网、Wish、自有网站、淘宝网、京东商城、有赞微商城等多种渠道把中国优质产品销售到全世界。通拓科技经营的产品面广，包括游戏配件、电脑配件、手机配件、家居、健康 / 美容、汽车配件、摄影器材、影音视频、激光 /LED、服饰、玩具、户外等数十个品类，数十万种商品。通过利用互联网思维方式、模块化管理、IT 技术等多种方法，具有独创性，解决了多品类、多供应商、多平台、多仓库、多物流、多国家、多语言的复杂关系，利用大数据技术进行匹配组合，提供最优的个性化解决方案。

2014 年以前，泛渠道模式十分火爆。但是近几年来，由于竞争过于激烈，大多数人开始分化出来，集中在亚马逊等大平台围绕品牌深耕细作，泛渠道模式正在逐渐衰落。

（6）移动电商模式

近几年移动电子商务快速发展，并逐渐成为主流，跨境移动端购物也随之兴起，比如 Wish、Allbuy、Bellabuy 等。它基于移动客户端且拥有独特推荐算法，虽然目前在规模上还不能和亚马逊等相比，但发展市场也是极为广阔的，其中以 Wish 的表现最为突出。

（7）资本运作模式

与其说是商业模式，不如说是创业模式。兰亭、环球易购一开始就有资本参与。兰亭起家于电子产品，但成就于婚纱。在资本推动下，兰亭虽然很晚进入婚纱这个行业，但是通过重组供应链，将婚纱产地之一苏州虎丘的工厂小作坊进行改造，提高质量和规模，整合一条“工厂 +UPS/DHL+ 全球买家”的产业链。2016 年跨境电子商务进口由于“4.8 税改”而减少，跨境电子商务出口则表现平稳，最大的特点是资本运作进入深水区。

3. 以服务类型分类

（1）信息服务平台

信息服务平台主要是为境内外会员商户提供网络营销平台，传递供应商或采购商等商家的商品或服务信息，促成双方完成交易。代表企业有阿里巴巴国际站、环球资源网、中国制造网等。

（2）在线交易平台

在线交易平台不仅提供企业、产品、服务等多方面信息展示，还可以通过平台线上完成搜索、咨询、对比下单、支付、物流、评价等全购物链环节。在线交易平台模式正逐渐成为跨境电子商务中的主流模式，代表企业有敦煌网、全球速卖通、DX、炽昂科技（FocalPrice）、米兰网、大龙网等。

总之，分类是相对的，并没有绝对区分。从长期发展来看，都有同质化和多元化发展的趋势。也就是说，除少数坚持单一模式之外，各大电商都在尝试同时开展多种方式。比如兰亭以完善高效的网络营销技术做支撑，形成内外贸并举，多平台（平行型平台和垂直型平台）、多品牌（自有品牌和代理品牌）、多模式（B2B 和 B2C）、多产品线的集成电商格局。

2.2.2 跨境电子商务进出口平台认知

跨境业务包括进口业务和出口业务，同样，跨境电商也包括进口跨境电商和出口跨境电商。进口跨境电商，是海外卖家将商品直销给国内的买家，一般是国内消费者访问境外商家的购物网站选择商品，然后下单购买并完成支付，由境外卖家发国际快递给国内消费者。出口跨境电商，是国内卖家将商品直销给境外的买家，一般是国外买家访问国内商家的网店，然后下单购买并完成支付，由国内的商家发国际物流至国外买家。

1. 出口平台

中国是全球出口大国，根据商务部数据显示，目前中国各类跨境平台企业已超过 5000 家，通过平台开展跨境电商的外贸企业逾 20 万家。除了一些巨头跨境电子商务平台如阿里巴巴国际站、速卖通、eBay、Amazon 等牢牢占据大部分市场份额之外，中小型创业公司的平台也在跨境电商市场觅得突围良机。

（1）阿里巴巴国际站

阿里巴巴国际站是阿里巴巴集团帮助中小型企业拓展国际贸易的出口营销推广平台，是目前全球领先的跨境 B2B 电子商务平台，服务全世界数以千万计的采购商和供应商。阿里巴巴国际站专注服务于全球中小微企业，在这个平台上，买卖双方可以在线更高效地找到适合彼此的合作伙伴，并更快更安心地达成交易。此外，阿里巴巴外贸综合服务平台提供的一站式通关、退税、物流等服务，让外贸企业在出口流通环节也变得更加便利和顺畅。

企业基于全球领先的企业间电子商务网站阿里巴巴国际站贸易平台，通过向海外买家展示、推广供应商的企业和产品，进而获得贸易商机和订单，是出口企业拓展国际贸易的首选网络平台。阿里巴巴国际站首页如图 2-3 所示。

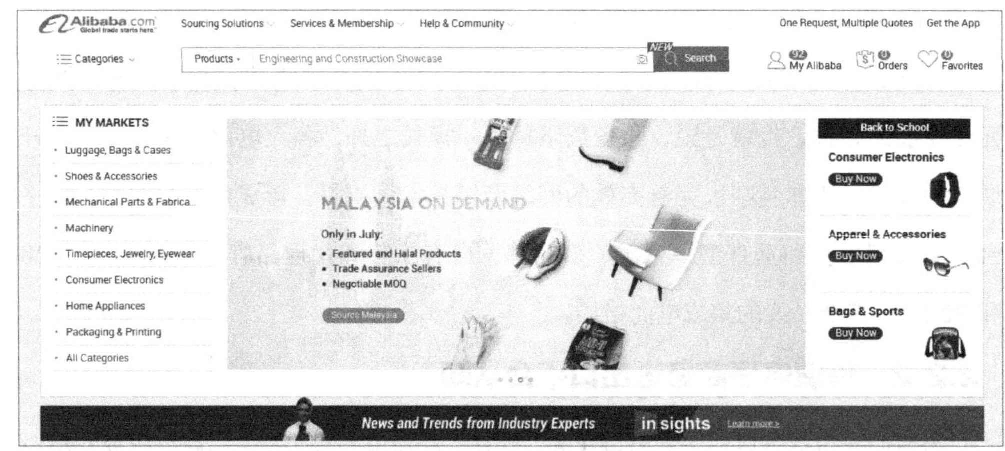

图 2-3 阿里巴巴国际站首页

（2）速卖通

全球速卖通是阿里巴巴集团帮助中小企业直接与全球个人消费者在线交易的跨境电商平台，集商品展示、客户下单、在线支付、跨境物流等多种功能于一体，可实现小批量、多批次快速销售，拓展利润空间，被广大卖家称为国际版"淘宝"。速卖通于 2009 年成立，2010 年 4 月上线，经过三年多的迅猛发展，目前已经覆盖全球 220 多个国家和地区的海外买家，每天海外买家的流量已经超过 5000 万，最高峰值达到 1 亿；已经成为全球最大的跨境交易平台之一。速卖通官网首页如图 2-4 所示。

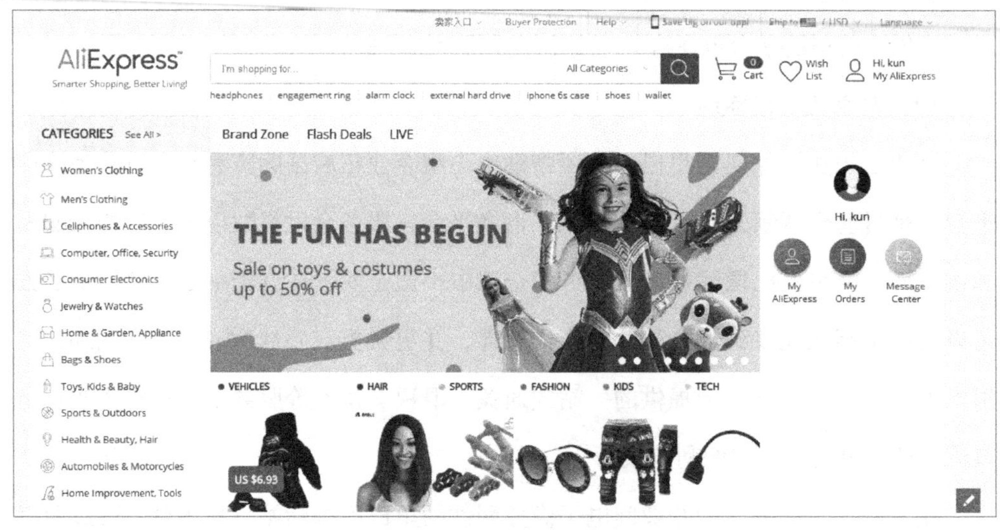

图 2-4 速卖通官网首页

(3) eBay

eBay(中文简称易贝)是全球最大的网络交易平台之一,于 1995 年 9 月 4 日由 Pierre Omidyar 以 Auction Web 的名称创立于加利福尼亚州圣荷西。eBay 以其门槛低、利润高、交易简单、支付方便等优势深受大众欢迎,用户遍布全球各地,站点覆盖全球 26 个国家和地区。eBay 交易平台完全自动化,商品种类多样,从电器到家居用品再到独一无二的收藏品,按照类别为用户提供商品销售服务。商品可以以拍卖形式、一口价形式或拍卖加一口价形式进行销售。eBay 官网首页如图 2-5 所示。

图 2-5 eBay 官网首页

(4) Amazon

Amazon(亚马逊)是美国最大的网络电子商务公司之一,位于华盛顿州的西雅图,是网络上最早开始经营电子商务的公司之一,也是全球排行前列的 B2C 电子商务平台。亚马逊成立于 1995 年,一开始只经营网络的书籍销售业务,发展至今商品种类已相当丰富和全面。随着平台的开发及物流仓储的不断发力,Amazon 已经扩展到全球 15 个站点,覆盖 65 个国家和地区。Amazon 不仅拥有成熟的平台工具,还能为卖家提供仓储物流、业务分析报告、退换货处理以及客户服务等专业服务,它在全世界拥有 80 个仓储基地。Amazon 官网首页如图 2-6 所示。

图 2-6 Amazon 官网首页

（5）敦煌网

敦煌网成立于 2004 年，是一家整合在线交易和供应链服务的 B2B 电子商务网站，是协助中国广大中小供应商向海外庞大的中小采购商直接供货的新生代全天候网上批发交易平台。敦煌网致力于打造一个完整的在线供应链体系，直接打通中国上游中小制造企业和贸易商同国外无数中小采购商之间的贸易联系，实现了国际贸易的彻底在线化，为全球的中小企业带来了极具透明化的商业价值。

敦煌网以交易服务为核心，在免费为买卖双方提供信息发布的基础上，主要提供物流、支付、翻译等服务，通过整合产业链，为买卖双方顺利完成在线交易奠定基础，通过向买家收取交易提成盈利。敦煌网首页如图 2-7 所示。

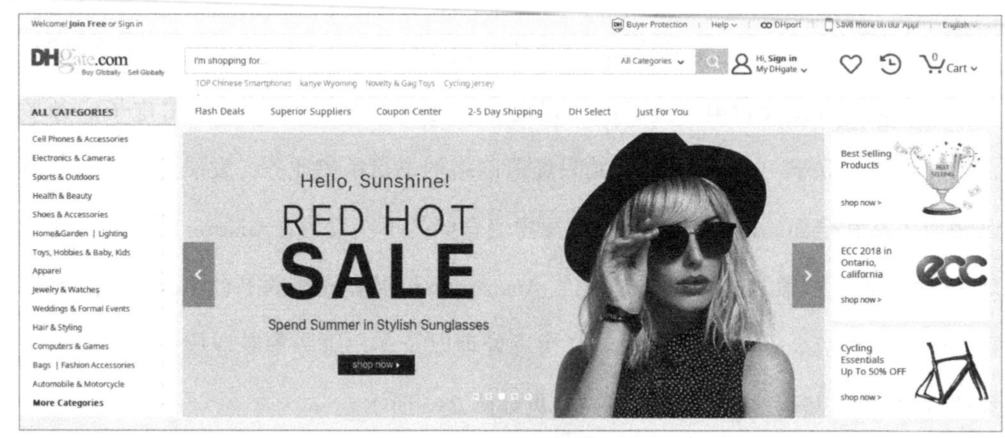

图 2-7 敦煌网首页

（6）Wish

Wish 于 2011 年成立于美国旧金山，是一款基于移动端 App 的商业平台。起初，Wish 只是向用户推送信息，并不涉及商品交易。从 2013 年开始升级成为购物平台。Wish 的系统通过买家行为等数据的计算，判断买家的喜好、感兴趣的商品信息，并且选择相应的商品推送给买家。与多数电商平台不同，在 Wish 上的买家不太会通过关键词搜索来浏览商品，更倾向于无目的地浏览。这种浏览方式是美国人比较接受的，所以 Wish 平台超过六成的用户位于美国和加拿大，以及一些欧洲国家。Wish 官网首页如图 2-8 所示。

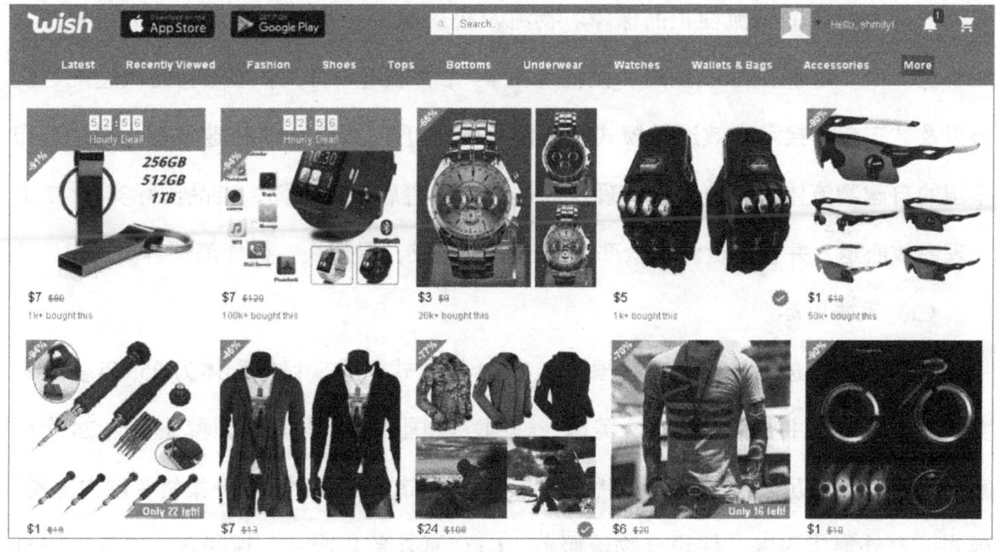

图 2-8 Wish 官网首页

2. 进口平台

海淘兴起后，各大跨境进口电商平台也开始出现，2009 年洋码头成立，2011 年蜜芽成立，2013 年小红书成立。随着 2014 年跨境进口电商的合法化以及税收政策的改变，2014 年—2015 年这一时间段是跨境进口电商平台成立的高峰期。例如，网易考拉海购、天猫国际、唯品国际、京东全球购、宝贝格子等平台相继出现，跨境进口电商的发展进入了鼎盛时期。

（1）洋码头

“买手制 + 海外直邮”跨境进口电商，覆盖 83 个国家，3 万多个认证买手。洋码头创立海外场景式购物模式，通过买手直播真实的购物场景。目前平台有 400 多个品类，每天有 60 万的商品在售。为保证海外商品能安全、快速地运送到中国消费者手上，洋码头自建立以来就打造跨境物流体系——贝海国际，目前在全球建立了 17 个大型国际物流中心，覆盖美国、欧洲等多地，服务于 20 多个国家和地区，每周 90 多个全球班次航线入境。

（2）唯品国际

自营型跨境进口电商。唯品国际于 2014 年上线，是唯品会旗下的跨境电商频道，借助自身的自营模式和物流等基础设施，唯品会构建了一套完整的体系，实现从源头到消费者签收的全流程正品保障。物流及售后服务是唯品国际的重要战略资产，在物流环节，唯品国际依托遍布国内外的 44 个保税仓和 12 个海外仓的快速配送优势以及“三单对接”高效通关模式，在接到用户订单后 12 小时极速发货，通过遍布全国的自建物流体系高速运输实现快速送达；在售后服务方面，唯品国际实行 77 天无理由放心退，并且退货流程全部在中国境内完成，退款快，操作简便。

（3）天猫国际

平台型跨境进口电商。天猫国际于 2014 年正式上线，目标群体为 25~35 岁年轻女性。平台产品主要来自日本、美国、韩国、德国和澳大利亚等，覆盖全球 74 个国家和地区，吸进近 1.8 万个海外品牌入驻。物流仓储方面采用“海外集货 + 国内保税”模式：海外集货服务、保税仓物流服务、GFC 海外备货服务。保税区 3~7 天，海外直邮 7~14 天。

（4）网易考拉海购

“自营 + 平台综合”模式跨境进口电商，其产品来源涵盖日本、韩国、欧洲、美国、澳大利亚、新西兰、东南亚等 80 多个国家，5000 多个品牌。网易考拉海购自 2015 年成立以来，增势迅猛，不仅在跨境电商领域位列第一梯队，在中国网络购物 B2C 市场中，也已进入 TOP10。另外，网易考拉海购拥有行业内最大的保税仓资源 + 物流云系统，建立了涵盖海外直邮—海外集货—国内保税进口在内的三级跨境物流仓储布局，除国内保税仓和海外仓布局之外，还自行开发了智能化管理系统“祥云”和云 TMS 系统“瑞麟”，并向上下游合作商进行全面开放。

2.3 国际贸易与跨境电商

2.3.1 跨境 B2B 与国际贸易的关系

跨境 B2B 是一种新型的国际贸易形式，主要借助于互联网技术促进国际间商品、服务与要素的自由流动。相对于传统的国际贸易形式而言，跨境 B2B 具有鲜明的特点和独特的优势。

1. 跨境 B2B 与传统国际贸易模式对比（见表 2–1）

表 2–1 跨境 B2B 与传统国际贸易模式对比

	传统国际贸易	跨境 B2B
主体交流方式	面对面，直接接触	通过互联网平台，不直接接触
运作模式	基于商务合同的运作模式	须借助互联网电子商务平台
订单类型	大批量、少批次、订单集中、周期长	小批量、多批次、订单分散、周期相对较短
价格、利润率	价格高、利润率相对较低	价格实惠、利润率高
产品类目	产品类目少、更新速度慢	产品类目多、更新速度快
规模、速度	市场规模大但受地域限制，增长速度相对缓慢	面向全球市场，规模大，增长速度快
交易环节	复杂（生产商—贸易商—进口商—批发商—零售商），涉及中间商众多	简单（生产商 / 出口商—批发商 / 零售商），涉及中间商较少
支付	正常贸易支付	须借助第三方支付
运输	多通过空运、集装箱海运完成，物流因素对交易主体影响不明显	通常借助第三方物流企业，通过空运、集装箱海运完成，物流因素对交易主体影响较为明显
通关、结汇	按传统国际贸易程序，可以享受正常通关、结汇和退税政策	享有国家政策支持，可以享受正常通关、结汇和退税政策
争端处理	健全的争端处理机制	平台保障，有相对健全的争端处理机制

2. 跨境 B2B 对传统国际贸易的影响

（1）跨境 B2B 拓展了国际贸易的市场

在传统的国际货物贸易中，会受到地域、风俗习惯等影响，造成国际贸易发展缓慢。但随着网络的兴起与普及，促进了跨境电子商务的发展，打破地域限制，从而使买卖双方足不出户就可以完成交易，这就为国际贸易的发展打开了缺口。传统外贸企业凭借自身实力及品牌效应向跨境B2B发展，更容易开拓国际市场。

（2）跨境B2B创新了国际贸易的交易方式

现代信息网络技术的发展，提高了对外贸易信息的传递效率，交易信息、单证传递、购买支付等通过互联网瞬间完成。通过跨境电子商务平台，交易与支付的时空限制逐渐消除，消费者可以随时查看和购买来自各国的商品和服务，商家迅速响应消费者的需求，通过跨境物流系统，快速配送消费者购买的商品。信息流、商流、资金流和物流的有机融合，使得对外贸易更加高效和便捷。

（3）跨境B2B改变了国际贸易的经营模式

传统外贸企业的经营主要有两种手段：一是展会营销模式；二是通过电话和邮件的方式确定订单，通过国际银行汇款完成交易，成本高、效率低。以互联网作为交流的渠道，不仅背靠平台可以获得真实详细的产品信息和公司信息，也能够提升沟通的效率。同时，互联网也将带动产品的营销，这便是B2B跨境电商的模式改善对外贸易的交易问题的直观体现。

（4）跨境B2B使网上贸易营销方式呈现多元化

① 借船出海：传统外贸企业借助如阿里巴巴国际站等跨境出口电商平台、Google搜索引擎平台、Facebook社交网络平台开展网络贸易。

② 自建网站＋全网营销：借助“外贸快车”平台实现自建网站＋全网营销。

2.3.2 B2B跨境电商出口与阿里巴巴国际站（alibaba.com）

20世纪90年代末，伴随着互联网时代的到来，电子商务平台阿里巴巴的成立开启了中国中小企业依托互联网技术进行在线厂家宣传和商品信息发布的跨国贸易时代。“外贸＋互联网”时代从此正式开启。

传统B2B的商品产业链周期非常长，从搜索、筛选产品及供应商，到沟通需求、报价、索样、样品支付和寄送，再到付首付款、发货、通关、物流、最终确认收货，之后还有退税、结汇等大大小小几十个环节。而阿里巴巴推出的一达通，可向中小企业提供通关、物流、外汇、退税、金融等所有进出口环节服务。原来中小企业是寻找一对一单点的基础服务，有了一达通的“单一窗口”模式，可以汇聚大量出口订单，形成集约化服务，让中小买家也能享受大企业待遇和服务，同时节省了中小企业自行通关过程中大量的运营和管理成本，提升了通关效率。

2014 年阿里巴巴启动了“信用保障体系”，即根据每家出口企业在国际站上的基本资信、历史交易数据和其他信息，为其授予相应的信用标示和保障额度，用来为选择他们的海外买家提供采购合约保障。同时，还会基于外贸数据沉淀出信用价值，以此给买卖双方提供赊销和供应链贷款等服务。这一举动更是将电子商务平台推到了所有中国外贸企业面前。

本章小结

本章主要介绍了跨境电子商务的相关知识，通过学习，使读者初步了解跨境电子商务的概念、现状及发展趋势；掌握不同分类模式下各类跨境电子商务平台的划分；了解具有代表性的跨境电子商务进出口平台；最后引入国际贸易，从跨境 B2B 与国际贸易的关系入手，分析了跨境 B2B 对传统国际贸易的影响，以及阿里巴巴国际站在 B2B 跨境电商出口中发挥的重要作用，从而帮助读者完成对跨境电子商务与国际贸易的认知和理解。

第3章 国际贸易术语与单证

在国际贸易中，由于跨国交易的特殊性，买卖双方分处不同国家，货款结算通常以单证为媒介。与此同时，确定一种商品的成交价，不仅要依据其本身的价值，还要考虑到商品从产地运至最终目的地的过程中，有关的手续由谁办理、费用由谁负担以及风险如何划分等一系列问题，因此，作为国际贸易合同中价格条款的重要组成部分，贸易术语显得尤为重要。

【知识目标】

1. 明确国际贸易流程。

2. 了解国际货物合同的商定、基本内容及履行过程。

3. 了解国际贸易术语及责任划分。

4. 了解国际贸易单证的含义、种类和发展趋势。

5. 了解国际贸易海关单证的缮制。

【能力目标】

1. 能够制定出口、进口商品经营方案。

2. 熟练使用 FOB、CFR、CIF 三种主要贸易术语，并能进行案例分析。

3. 具备国际货物买卖合同签订及履约的能力。

4. 掌握外贸单证缮制的技巧。

3.1 国际贸易流程

3.1.1 出口交易前的准备工作

在洽谈出口交易前，为了正确贯彻对外贸易政策，扩大出口，提高交易的成功率，必须认真做好交易前的各项准备工作。具体来说主要有：对国外市场的调研、对交易对象的调研、制定出口商品经营方案、做好出口商品的广告宣传与商标注册等。

1. 对国外市场调查研究

国外市场的调查研究，是指在交易洽商前对交易国家、地区和商品市场情况进行调查研究。了解每个市场的特点，研究市场的变化规律，预测市场供求关系和价格变动趋势。对市场调查研究的主要内容包括以下几个方面。

（1）对商品适应性和竞争性的研究

出口商品应以销定产，在安排出口商品生产时，要考虑市场容量和了解市场需要的品种、花色和规格等，做到适销对路。同时还要注意发挥我国出口产品的优势，发展能够在国际市场有竞争力的商品，多出口换汇成本低、经济效益比较好的商品。

（2）对国外市场价格的研究

国际市场瞬息万变，它的变化反映了商品供求关系的变化，这种变化往往通过价格波动表现出来。国际市场价格的变化，除受价值变动作用的影响外，还经常受政治、经济和自然等多种因素的影响，如市场供求关系变化、垄断竞争、投机活动、国家相关的政策法令和制约价格的措施等。所以研究价格的变化，就要认真分析不同时期影响价格的各种因素，预测未来价格变化趋势，以便选择有利的销售市场。

除此之外，对国外销售市场的调研，还应对商品生产周期、销售季节、消费者的爱好习惯、市场销售习惯、销售方式和途径、市场竞争、当地贸易管理法令、关税、运输和港口等情况做详细的调查研究。

2. 对交易对象调查研究

对交易对象调查研究的内容包括：客户的经营历史及现状、资信情况、经营业务范围、公司实力、企业业务性质和经营能力等。

3. 制定出口商品经营方案

出口商品经营方案是指公司根据国家规定的出口计划，对其所经营的出口商品做的一种业务计划安排。出口商品经营方案是洽商交易的依据，使交易有计划、有目的地顺利进行。出口商品经营方案一般包括以下内容。

（1）商品和货源情况，包括商品的特点、品质、规格和包装等，以及国内生产数量、可供最大出口数量以及当前库存情况。

（2）国外市场情况，包括国外商品生产、消费、贸易的基本情况和主要进出口国家的交易情况，以及今后可能的发展变化趋势。特别是对商品品质、花色品种、规格、款式、性能和包装的要求以及价格变化趋势，都应写明分析意见。此外，还应对国外主要市场经营该商品的基本做法和销售渠道加以说明。

（3）经营历史情况，包括所出口商品在国际市场上所占地位、主要销售地区、销售情况、国外的具体反应以及经营该种商品的主要经验和教训。

（4）经营计划安排，主要包括销售数量和金额，并结合国外市场的情况，列明拟对某国或地区所出口商品的具体数量和进度。

4. 做好出口商品的广告宣传与商标注册

出口商品的广告宣传，是指利用各种广告形式，向国外市场的广大消费者和经营商宣传所出口经营的商品。做好出口商品的对外广告宣传，是让商品顺利进入国际市场，扩大销售的重要手段。

广告宣传要根据不同商品的特点和不同市场的习惯，采取各种方式进行立体化的综合宣传，如电影、电视、报纸、杂志、刊物、张贴画、画板和广播等；也可以向国外寄送样品、样本、说明书和印刷品进行宣传。出口商品的广告宣传，一般应注意围绕下述内容和要求进行：实事求是、生动活泼、大胆创新；介绍并突出商品的特点；宣传商品的用途和可提供的售后服务；着重介绍一个商标牌号，树立名牌商标；广告宣传的语言文字要简单清晰、通俗易懂并适合当地风俗习惯，可采用多种语言文字等。

办理商标注册在国际贸易中是一项非常重要的工作。在国际市场上，商品都有商标（Trade Mark）和牌号（Brand），商标和牌号是紧密联系的。所谓商标是指工商企业为了使自己生产或经营的商品与其他工商企业的商品区别开来而设计的一种符号，它通常由一个或多个具有特色的文字、字母、名称、记号或图案组成。

3.1.2 进口交易前的准备工作

1. 落实进口许可证和外汇

在与国外洽商进口交易之前，需对有些进口商品领取进口许可证，事先办理一系列申报审批手续。许多进口商品需要先向主管部门申请获得准许进口的批文之后，才能向对外贸易经济合作部门申领进口许可证。

进口业务一般可分为自营进口和代理进口两类：在自营进口业务中，申请领取进口许可证的手续由进口企业自办，外汇也由自己负责解决；在代理进口业务中，申请领取进口许可证的手续和使用的外汇，原则上都由委托单位负责。

2. 审核进口订货卡片

这是代理进口业务中的传统做法。在办理许可证件和落实外汇来源完成之后，申请进口的单位应填写进口订货卡片，交给负责办理进口手续的外贸企业，作为外贸企业向外订立合同和办理进口业务的依据。进口订货卡片内容包括商品名称、质量、规格、包装、数量、生产国别、估计单价和总金额、要求到货时间、目的港或目的地等项目。代理进口业务的外贸部门收到订货卡片后，应根据平时积累的资料和当时的市场情况，对订货卡片的各项内容进行认真审核，必要时可对商品的牌号、规格和进口国别、厂家等提出修改建议，但需要经过用货部门同意才能变动。

3. 研究制定进口商品经营方案

对大宗进口商品（代理进口时包括一张卡片数量较大或若干张卡片加在一起数量较大的商品）应当拟定一个书面经营方案，作为开展订购业务工作的依据。方案的主要内容包括进口商品的品名、数量、时间、国别的安排、交易对象的选定、价格和佣金幅度的掌握等。既要力争比较优惠的价格，又不能影响国内的需求；既要做到“货比三家”，又要不失时机地订进。对于进口数量较少的商品，可以不拟定书面的经营方案，但经办业务人员心中仍应有一个类似的设想安排，特别是对成套设备的进口，更应慎重行事。

3.1.3 国际货物买卖合同的商定

1. 交易磋商的形式和内容

交易磋商在形式上有口头和书面两种。

口头交易磋商主要是指在谈判桌上面对面地商谈，如参加各种交易会、洽谈会、贸易小组出访以及邀请客户来华洽谈等；此外，还包括双方通过国际长途电话等形式进行的交易磋商。口头洽谈交易有利于及时了解交易对方的态度和诚意，尤其适合谈判内容复杂、涉及问题较多的交易。

书面交易磋商主要是指通过使用信件、传真、电子邮件和网上交易等通信工具来进行洽谈交易。随着现代通信技术的发展，书面洽谈也越来越简便易行，且其费用比较低廉，日常业务中通常采用此做法。

交易磋商的内容，涉及签订买卖合同的各项条款，包括品名、品质、数量、包装、价格、装运、保险、支付以及商检、索赔、仲裁和不可抗力等要素。

2. 交易磋商的一般程序

交易磋商的程序一般包括四个环节，即询盘、发盘、还盘和接受。其中，发盘和接受是达成一笔交易所不可缺少的两个基本环节。

（1）询盘

询盘（Inquiry 或 Enquiry）又称询价，指交易的一方为了购买或销售货物，向对方提出有关交易条件的询问。询问可以由买方发出，也可以由卖方发出。询盘的内容可以只询问价格，也可以询问多项交易条件，要求对方发盘。询盘只是询盘人与被询盘人之间一般性的商务联系，只起到邀请对方发盘的作用，对双方都没有法律上的约束力。但询盘通常是交易的起点，因此，被询盘人必须十分重视并及时地做出回应。询盘的形式有口头和书面两种，在实际业务中，由买方主动询盘的情况较多。

询 盘：Please offer Chinese groundnut kernels ungraded 100M/T November shipment FOB Qingdao.

We can supply Chinese groundnut kernels W grade shipment NOV./DEC.

Please bid.

（请报中国不分等级花生仁 100 公吨[①]，11 月装船，FOB 青岛价。我们可供花生 W 级，11 月至 12 月装船。请递盘。）

（2）发盘

发盘（Offer），也叫报盘、报价（Quotation）、发价、递盘或出价，是指买卖双方中的一方（发盘人）向另一方（受盘人）提出各项交易条件，并愿按照这些条件与另一方达成交易、订立合同的一种肯定表示。发盘大多是卖方提出的，若买方提出，则叫"递盘（Bid）"。

发盘既是商业行为，也是法律行为，在《合同法》中称之为"要约"。当受盘人无条件接受，一项发盘一经发出，合同即告成立，对发盘人就立即产生法律上的约束力，在发盘的有效期内，发盘人不得任意撤销或修改内容。发盘采用口头或书面的形式均可。

---

① 国际上一般都采用国际单位制（公制），其重量单位为公吨（Metric Ton，M/T）。

① 发盘的构成条件。

a. 发盘要有特定的受盘人。

b. 发盘内容要十分确定。

c. 表明发盘人受其约束。

d. 送达受盘人。

② 发盘的生效和撤回。

发盘中通常有明确的有效期（或是一个最迟接受的期限，或是一段可接受的时间），并在送达受盘人时生效。因此，发盘在到达受盘人之前对发盘人没有约束力，发盘人也可以将其撤回。可见，撤回发盘实质上是阻止发盘生效。

③ 发盘的撤销。

发盘的撤销是发盘送达受盘人后，发盘人取消发盘，解除效力的行为。但是在下列情况下，发盘不得撤销。

a. 发盘中写明了发盘的有效期或以其他的方式表明发盘是不可撤销的。

b. 受盘人有理由相信该发盘是不可撤销的，并已本着对该发盘的信赖采取了行动。

④ 发盘的失效。

在下列情况下发盘失效。

a. 受盘人拒绝或还盘。

b. 发盘人撤销发盘。

c. 发盘过了有效期。

d. 不可抗力事件发生。

e. 在发盘被接受前，当事人丧失行为能力、死亡或法人破产等。

发盘：Offer Chinese groundnut kernels ungraded 55M/T USD200 per M/T FOB Qingdao shipment December payment irrevocable sight L/C subject reply here 18th October.

（兹发盘中国不分等级花生仁 55 公吨，每公吨 200 美元，FOB 青岛 12 月交货，以不可撤销的即期信用证付款，限 10 月 18 日复到。）

⑤ 发盘的书写方式。

a. 虚盘（non-firm offer）(注意虚盘标志)

Dear Sir or Madam,

Your letter of May 1st asking us to offer you the product has received our immediate attention. We are pleased to be told that there is a great demand for our products in European market.

In compliance with your request, we are making you the following offer subject to our final confirmation. Our main products are as follows:

Commodity: Pure-cotton men's shirt

Size: M/L/XL/XXL

Packing: One dozen of shirts in plastic-bags are packed into a box and 100 boxes to a carton.

Price: US$ 19 to US$23 per piece CIF London according to various designs.

Payment: During May, 2014

We hope the above will be acceptable to you and await with interest your early order. (We hope this offer will be of interest to you, and look forward to hearing from you soon.)

b. 实盘（firm offer）（注意实盘一定有有效期）

Dear Sirs,

We are very pleased to receive your inquiry of April 6. We are sending you our quotation today, and the latest illustrated catalogue and samples by separate post. As request, we are making you a firm offer, subject to your reply here by 5 p.m. our time, Thursday, May 20, as follows:

Commodity: Boots for Men

Specifications: more than 20 assortments with new designs of brown or red colors (detailed in catalogue).

Quality: the leather used is of superior quality

Price: US$ 90 to 295.00 per pair FOB Dalian according to various designs

Payment: confirmed, irrevocable letter of credit payable by draft at sight to be opened 30 days before the time of shipment

Packing: at the buyer's option

Shipment: October, 2013

Our products are very popular for their modern designs, nice colors, and fine quality. We advise you to place an order as soon as possible.

We are looking forward to having your early order.

Yours faithfully,

（3）还盘

还盘（Counter offer）又叫还价，它是指受盘人不同意或不完全同意发盘人在发盘中提出的条件，为与发盘人协商而提出修改或变更的表示。还盘可以针对商品的价格条件，也可以针对商品的品质、数量、交货时间、交货地点和付款方式等交易条件。

还盘是受盘人对原发盘的拒绝，也是受盘人向原发盘人做出的新的发盘。还盘后，原发盘即失去效力，原发盘人亦不再受其约束，还盘人便变成了新发盘人，原发盘人变成了新受盘人，交易谈判可以继续进行下去。因此还盘是具有法律效力的。

还盘：With reference to your offer dated May 5th.We found the price too high and shipment too late no accept. Please cut it by 10% at least, and advance the time of shipment to November.

（你方5月5日发盘报价太高，装运期太晚，请至少降价10%，并将转运期提前至11月份。）

问题与思考

我国A公司向国外B公司发实盘，限6月10日前复到有效，B公司于6月8日来电要求降价，A公司于9日与另一家公司达成交易。同一天（9日），B公司又来电要求撤回8日还盘，表示全部接受A公司原发盘的条件。A公司以货已出售为由予以拒绝。B 公司声称其接受是在我方发盘的有效期内做出的，要求 A 公司履约。试分析 B 公司的要求是否合理，为什么？

（4）接受

接受（Acceptance）是指受盘人接到发盘人的发盘或发盘人接到受盘人的还盘，同意对方提出的条件，愿意与对方达成交易，订立合同的一种表示。接受和发盘一样，既属于商业行为，又属于法律行为，《合同法》中称为“承诺”。接受产生的法律后果是“达成交易，成立合同”，双方均应履行合同所规定的义务并拥有相应的权利。

① 构成接受的条件。

a. 必须由受盘人做出。

b. 必须用某种方式表示出来。接受可以口头或书面，或用行动表示。

c. 接受的内容须与发盘相符。

d. 必须在发盘的有效期内送达发盘人。

② 接受的方式。

接受必须由受盘人以某种方式向发盘人表示出来。接受的方式一般用函电和口头的方式来表达。在国际上接受也可以用“行为”表示出来，但我国不适用以“行为”表示接受这一规定。

③ 接受的生效和撤回。

因为接受的法律后果是成立合同，所以接受只能撤回，不能撤销。撤销接受就是撤销合同，而撤销合同必须买卖双方都同意，不能单方面决定。

英美法系实行的是“投邮生效”原则，接受的函电一经发出，立即生效。大陆法系和《联合国国际货物销售合同公约》（以下简称《公约》）采用的是“到达生效”原则，接受的函电如果路上遗失，发盘人没有收到，合同就不能成立。按照大陆法系和《公约》，接受发出后可以撤回，但必须保证撤回的通知在接受到达前送达发盘人或者两者同时送达。而按照英美法系，接受不存在撤回的问题。

④ 逾期接受。

接受必须在发盘规定的有效期内送达，如在发盘中未规定有效期，必须在合理的时间内送达发盘人。如果接受晚于有效期或合理的时间过后才送达发盘人，该项接受便成为一项逾期接受或称迟到的接受。

逾期接受一般无效，但只要发盘人认为该接受依然有效，逾期接受还是有效的。

接受：

Yours 8th accept.

（你 8 日电接受。）

Yours telex 10th we confirm.

（你 10 日电传我确认。）

Yours 5th accept China Rosin WW grade 100M/T sterling 500 CFR London shipment during June payment in sight irrevocable L/C.

（你 5 日电我接受，中国松香 WW 级 100 公吨，每公吨 CFR 伦敦 500 英镑，6 月份装船，不可撤销，即期信用证支付。）

问题与思考

1. 卖方甲在今年 3 月向贸易商乙发实盘，乙转至客户丙确认接受。寄回的确认书因投递原因于 7 月初才送达卖方，此时货价已猛涨几倍，甲丙双方对于合同是否成立发生纠纷。

请分析：本契约是否有效？卖方能否要求加价？为什么？

2. A 公司发盘，要求对方 4 月 8 日复到有效。4 月 3 日，G 公司回函表示接受发盘的全部内容，4 月 10 日送达 A 公司。经办人员视其为逾期接受，故未做任何表示。7 月 6 日，A 公司收到 G 公司开来的信用证，并请求用尽可能早的航班出运。A 公司认为合同并未生效，双方为此发生纠纷。请问，该纠纷应如何解决并说明理由。

3.1.4 国际货物买卖合同的基本内容

国际货物买卖合同（Contract of International Goods Sales）的具体内容因各种交易的具体情况不同而不同。而且，在以信件、电报或电传形式签订合同时，合同的内容常常可能并不十分规范。在国际贸易中，根据《联合国国际货物销售合同公约》

的规定，接受在送达发盘人时生效。接受生效的时间，就是合同成立的时间。合同一经成立，买卖双方即存在合同关系，彼此就应接受合同的约束。

1. 合同有效成立的条件

一方发盘经对方有效接受，合同即告成立。但合同是否具有法律效力，是否受到法律保护，需具备以下几个条件。

（1）合同的标的物必须合法。

（2）双方当事人应具有行为能力。

（3）双方当事人须在自愿和真实的基础上达成协议。

（4）必须是互为有偿的。

（5）合同形式须符合法律规定的要求。

2. 书面合同的构成

合同的形式是合同当事人内在意思的外在表现。在国际贸易中，交易双方订立合同有书面形式和口头形式。书面形式是指合同书、信件、电传、传真和电子邮件等可以有形地表现所载内容的形式。书面合同无论采取何种格式，一般都由约首、正文（合同条款）和约尾三部分构成。

（1）约首部分

约首是指合同的开头部分，其中包括合同的名称、合同编号、订约双方当事人的名称和地址（要求写明全称），以及序言等内容。此外，在合同序言部分常常写明双方订立合同的意愿和执行合同的保证。

（2）正文部分

正文是合同的主体部分，具体规定了买卖双方各自的权利和义务，一般称为合同条款，如品名品质条款、数量条款、价格条款、包装条款、交货（装运）条款、支付条款及商检、索赔、仲裁和不可抗力条款等。

（3）约尾部分

一般合同在约尾列明合同的份数、使用的文字及其效力、订约的准确时间和地点及生效的时间。合同订约地点往往要涉及《合同准据法》的问题，因此要谨慎对待，我国出口合同的订约地点一般都写在我国。

3. 书面合同的具体内容（条款）

（1）合同名称等表明合同自身的情况

除合同名称外，在这部分内容中还应当包括合同编号，即通常由一组数字和字母所组成的号码。

（2）合同当事人的信息

在国际货物买卖合同中必须将双方当事人的情况规定清楚，因为只有这样，才能明确谁是合同项下权利义务的主体。通常，用以下各项内容来规定当事人的情况。

① 当事人的名称或姓名。

② 当事人的国籍。

③ 当事人的注册地址、营业地点或住所。

④ 当事人的电话、电传、电报及传真号码。

⑤ 当事人的银行账户。

（3）签订合同的时间与地点

为了确定当事人合同项下权利义务开始的时间，以及计算合同中所规定的一些履约期限，必须在合同中明确规定合同订立的时间。

同时，也应当在合同中将签订合同的地点规定清楚，因为在很多情况下，合同的订立地与合同适用的法律紧密相关。

（4）合同标的的名称、种类、范围、质量、标准、规格和数量

为了明确特定合同项下的特定标的，就应当在合同中把合同标的的名称、种类和范围做出明确的规定。不过，为了明确特定合同项下的特定标的，仅仅规定标的的种类和范围是不够的，还必须对合同标的的质量、标准、规格和数量加以规定，才能达到此目的。

对于散装货物和其他不容易确定装运量的货物等，在规定合同标的数量时，通常需规定溢短装条款。

（5）履行合同的期限、地点和方式

合同当事人双方履行其合同义务，都必须按照合同规定的期限、地点和方式来

进行。因此，合同中必须对履行合同的期限、地点和方式做出明确的规定。

（6）价格条件、支付金额、支付方式和各种附带的费用

收取货款是卖方的基本合同权利之一。因此，合同中必须明确地规定价格条件、支付金额、支付方式和各种附带费用。

在现代国际贸易实务中，当事人经常采用国际商会《国际贸易术语解释通则》中的国际贸易术语即价格术语作为价格条件。此种价格术语是以货物的单价所包括的内容来表示的。

在支付金额条款中，应当规定支付货款的币种和合同总价格。

在支付方式条款中，应当规定支付货款的具体方式，如现金支付、汇付、托收或信用证。还应当规定付款的期限，以及是否允许分期付款等事项。

在采取跟单托收和跟单信用证付款的情况下，应进一步规定以跟单托收或跟单信用证付款时的全部条件。应当注意的是，这里的付款条件，是指单证化的付款条件。还应注意的是，在现代国际贸易实务中，通常当事人会在合同中引用国际商会的《托收统一规则》和《跟单信用证统一惯例》。因此，合同中规定的付款条件不应与《托收统一规则》或《跟单信用证统一惯例》中的相关规定相矛盾。

（7）包装与唛头

为使卖方依据规则履行其交货义务，在合同中应规定货物的包装与唛头。在规定包装条款时，应注意到货物的特性、具体运输方式及运输时间的要求。

所谓“唛头”，即“运输标识”(shipping mark)。在货物上喷刷唛头的目的，是为了方便货物运输、划分与移交。

（8）运输

在国际货物买卖合同中很多都涉及货物的运输。合同中的运输条款应当主要规定以下内容：运输方式、装运时间与地点、目的地、转运与分批运输事项、运输中的通知、联络事项等。

应当注意的是，在合同采用价格术语的条件下，运输条款的内容应当与合同中所使用的价格术语相一致。

(9) 单证

为使卖方能够在合同规定的条件下收取货款，合同中必须规定单证条款，在以托收和信用证为支付方式的场合更为重要。

应当注意的是，单证条款必须与合同中的付款条件条款相协调，在采取跟单托收和跟单信用证付款方式时尤其如此。

(10) 保证

这里的“保证”，是指卖方对货物品质的保证。为确保卖方所交货物是符合合同规定的货物，在合同中应当规定保证条款。

在保证条款中，应当规定保证的内容，通常是规定卖方保证其所交付的货物符合一定的标准。此外，还应当规定保证的期限，以及卖方违反保证时的处理方法等。

(11) 检验与索赔

买方对货物具有检验的权利。在合同中规定检验条款的目的，就是为了规定买方行使其检验权的时间、地点、方式，以及其检验权丧失的条件等事项。因此，在规定检验条款时，一般应当把检验的时间、地点、方式和检验权丧失的条件规定清楚。

应当注意的是，检验货物是买方的一项权利。因此，在检验货物条款中应当规定由买方或者其委托或授权的第三方来检验货物。除非合同中有相关的明确规定，否则卖方或者其委托或授权的第三方在任何时间对货物所进行的检验均不能取代、否定或排斥买方检验货物的权利。

(12) 不可抗力

不可抗力条款是许多合同中都有的一般性条款，在国际货物买卖合同中也不例外。在规定不可抗力条款时，通常应当将不可抗力事件的内容和范围、遭受不可抗力事件的当事人应当采取的措施、第三方机构对发生不可抗力事件的证明以及不可抗力对当事人合同权利义务的影响和后果等事项，逐一规定清楚。

(13) 法律适用及解决合同争议的方法

国际货物买卖合同中应当规定法律适用条款和关于解决合同争议的条款，以使合同能够依据于一定的法律基础之上，并在一旦发生合同争议时，根据一定的法律和采取适当的途径来解决争议。

在法律适用条款中，通常规定了当事人双方签订合同所适用法律的条款，一般是某一个国家或某一个法域的法律，也可以是国际统一的实体法。法律适用条款的内容，主要是根据国际私法规则来确定的。应当注意的是，在国际货物买卖合同实务中，现代通常采取分割的方法来处理合同的法律适用问题。因此，一个国际货物买卖合同的不同部分，可能受不同的法律支配。

解决合同争议可以有诸如协商、调解、仲裁和司法诉讼等不同的方式。合同中应当规定采取适当的方法来解决当事人之间的合同争议。

在国际贸易实务中，当事人通常愿意在其合同中订入仲裁条款。一般地，仲裁条款中应当明确地规定关于请求仲裁的意思表示、仲裁的事项、选定的仲裁机构以及仲裁地点和仲裁裁决的效力等各项内容。

（14）合同使用的文字及合同效力

国际货物买卖合同可以用一种文字表述，也可以用两种或两种以上文字表述。在合同中应当规定合同所使用的文字，以及修改或补充合同的文件和履约函电所使用的文字。

注意，在合同中用两种或两种以上文字的情况下，应当规定以合同的某一种文本为准，以免因不同合同文本的条文发生歧义，而对确定合同规定的内容造成不应有的困难。

此外，在合同中还应当规定合同生效的条件、时间、有效期，以及合同效力终止的条件等事项。

（15）其他

对于因交易的特殊情况所可能产生的特殊事项，可以在这一部分中加以规定。因此，在一些合同中，这一部分被称为合同的“特殊条款”。

问题与思考

法国卖方和德国买方签订一份出售大米的合同。合同规定，按照卖方仓库交货条件买卖。买方提货时间为 8 月。合同订立后，卖方于 8 月 5 日将提货单交给买方，买方据此付清了全部货款。由于买方未在 8 月底前提货，卖方遂将该批货物移放到另外的仓库。但到 9 月 10 日买方前来提货时发现，该批货物因新仓库储存条件欠佳已发生部分腐烂变质。双方为此损失由谁承担发生争议。请问：哪一方应对上述损失承担责任？

3.1.5 国际货物买卖合同的履行

1. 国际货物买卖合同从签订到履行的基本过程（见图 3-1）

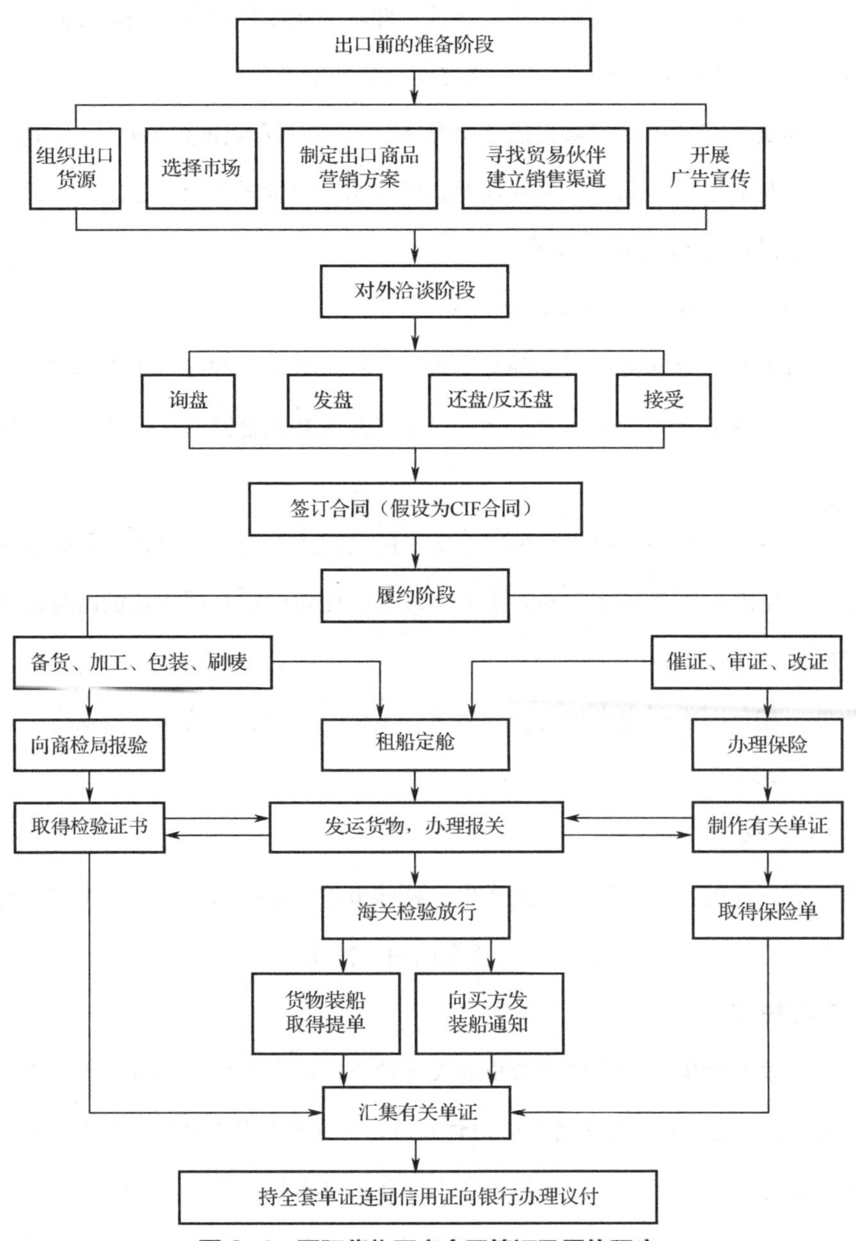

图 3-1 国际货物买卖合同签订及履约程序

2. 出口合同的履行

出口合同的履行工作中环节比较多，手续也比较繁杂。业务部门在出口合同的履行过程中，需要公司内部各个部门以及与外单位的协作和配合来确保出口合同的顺利履行。

出口合同的履行工作主要包括：备货、报验、催证、审证、改证、租船订舱、报关、投保、装船及制单结汇等内容。其中货（准备货物）、证（落实信用证）、船（安排装运）、款（制单结汇）四大环节最重要，是履行出口合同的关键所在。

（1）备货

准备货物是履行出口合同的重要环节，按照合同规定交付货物、移交单据和转移货物所有权是卖方的三项基本义务。其中，交付货物又是最主要的义务，因为，只有交付了货物，才能进行移交单据和转移货物所有权等工作。做好备货工作，就是为履行交货义务做物质基础准备。

① 品质。

货物的质量必须与出口合同中的规定相一致，严格按照买卖合同约定的质量要求交付货物是卖方的一项基本义务。

凡是文字说明达成的合同，交付货物的质量必须与合同中所规定的文字说明相符；如系凭样品达成的合同，则必须与样品相一致；如既凭文字说明又凭样品达成的合同，则两者均须相符。

否则即属违反合同，买方都有权拒收、索赔甚至宣告合同无效。

② 数量。

货物的数量是国际货物买卖合同的主要条件之一，卖方有按合同规定的数量交付货物的重要义务。是否按合同规定数量交付货物，不仅是衡量买卖合同是否得到充分履行的标志，同时，也直接关系到订立合同时的预期利益能否全部实现，有时还会影响购买者的生产使用和业务经营，甚至可能损害对方的市场声誉。

《联合国国际货物销售合同公约》第 35 条规定：“卖方交付的货物必须与合同所规定的数量、质量和规格相符，并须按照合同所规定的方式装箱或包装。”但在第 51 条和第 52 条以及第 45 条至第 50 条对在超交和短交的情况下，买方和卖方的权利和义务做出了具体规定，概括起来就是：卖方如只交付一部分货物（即短交），买方一般不能宣告合同无效，但有权要求卖方对未交部分的货物继续履行交付。同时，还可要求卖方对因此而引起的损失给予损害赔偿。

如果卖方交付的货物数量少于合同规定，构成了根本违反合同，或者卖方完全不交货，则买方可宣告合同无效。卖方交付的数量大于合同规定的数量（超交），买方须至少收取合同所规定的数量，至于超交部分，买方既可以拒收，也可以收取全部或一部分。

③ 时间。

交货时间是国际货物买卖合同的主要交易条件，若有违反，买方不仅有权拒收货物，并提出索赔，甚至还可以宣告合同无效。因此，货物准备完毕的时间必须适应出口合同与信用证规定的交货时间和装运期限，并结合运输条件，例如对于船期必须进行妥善安排。为防止意外，一般还应留有空余时间，适当提前。

除非合同另有规定，卖方必须将合同中规定的货物全部一次装运。但是，有时由于交易数量较大，为便于卖方备货、安排装运和适应买方使用或转销需要，在买卖合同中也可约定在一定期限内，授权卖方酌情掌握是否分期、分批装运，可在合同（信用证）中具体规定分期分批装运的时间、数量及方式。如在合同规定允许分期、分批的同时，还明确规定了分期、分批的具体时间和数量，对此，卖方就必须按合同规定的分期时间和逐批数量装运。

如果卖方对其中任何一期或多期不按合同规定履行义务，买方就可根据合同条款和卖方违约的具体情况，要求损害赔偿和（或）对某一期交货的合同宣告无效，或对该期以及今后未交各期的合同宣告无效。

④ 所有权。

卖方对货物要有完全的所有权，并不得侵犯他人权利。卖方对出售的货物应当拥有完全的所有权，并保证不侵犯他人的权利是卖方必须承担的又一项默示的合同义务。例如他人寄放的货物，其所有权不属于卖方，如卖方用以作为履行合同义务将其交付给买方，则货主有权追回货物；又如 CIF 或 CFR 合同的卖方把货物交由船公司装运给买方，如卖方不付清运费，船公司可作为债权人对所承运的货物具有担保利益，在运费偿清前，可对货物行使留置权。

所谓不得侵犯他人的权利，主要是指不得侵犯他人的工业产权和其他的知识产权。《联合国国际货物销售合同公约》第 42 条明确指出：卖方所交付的货物，必须是第三方不能根据工业产权或其他知识产权主张任何权利或要求的货物。

知识产权（intellectual property）是一种无形的财产所有权，它包括版权（copy right）和工业产权（industrial property）。工业产权又包括商标（trade mark）、专利（patent）、实用新型（utility model）、外观设计（design）、服务标记和商品名称等。

现在全世界有 150 多个国家和地区实行专利制度，通过专门的法律对上述无形的财产所有权加以保护，不容侵犯。

在我国出口业务中，除应注意防止我国产品侵犯他人知识产权外，也应重视对我国自有知识产权的保护工作。对于我国的名牌商品，特别是在国际市场上已有一定声誉的商标，应当及早在目标市场的有关国家和地区办好商标注册手续。同时要防止外商将我国的商标以他自己的名义或仿冒影射我国的商标进行抢先注册，从而阻碍我国货物正常出口，有的甚至在抢先注册后向我国商家漫天要价，进行讹诈，使我方陷入被动。

（2）报验

凡属于国家规定的法定检验检疫商品或合同规定必须经商品检验检疫机构出证的商品，在货物备齐后应向商检机构申报检验的商品名称，只有取得检验机构出具的合格检验证书后，海关才能出口。凡经检验检疫不合格的货物，一律不准出口。

凡需要法定检验出口的货物，应填写“出境货物报验单”，还应附上合同与信用证副本等供检验时参考。

货物经检验合格后，即由检验机构发给检验证书规定的有效期内将货物运出。如超过有效期装运出口，应向检验检疫机构申请展期，并由检验检疫机构复验合格才能出口。

（3）落实信用证（催证、审证、改证）

在使用信用证方式结算货款的交易中，落实信用证是履行出口合同不可缺少的一个重要环节。落实信用证通常包括催证、审证和改证三项内容，其中关键是审证。

① 催开信用证。

催开信用证是指通过信件、传真或其他通信工具催促对方及时办理开立信用证手续并将信用证送达卖方，以便卖方及时装运货物出口，履行合同义务。

在采用信用证方式结算货款的交易中，按时开立信用证本是买方必须履行的重要义务，但是，由于种种原因，买方不按合同规定开证的情况时有发生。对此，为保证按时履行合同，提高履约率，卖方有必要在适当的时候，提醒和催促买方按合同开立信用证。

催开信用证不是履行每一个出口合同都必须做的工作，通常在下列情况下才有必要进行：

a. 出口合同规定的装运期限较长（如 3 个月或 6 个月），而买方应在卖方装运期前的一定时日（如 30 天）开立信用证，则我方应在通知对方预计装运日期的同时，催请对方开证。

b. 买方在出口合同规定的期限内未开立信用证，卖方可根据合同规定向对方要求损害赔偿，或同时宣告合同无效。如不需要立即采取这一行动时，仍可催促对方开证。

c. 如果卖方根据备货和承运工具的情况，可提前装运的，则可请对方提前开证。

d. 即使开证期限未到，但发现客户资信不好，或者市场情况有变，也可催促对方开证。

催证的方法，一般为直接向国外客户发函电通知，必要时还可商请银行或我国驻外机构等有关机构代理商给予协助，或配合协助催证。

② 审证（此处做一份信用证审核）。

信用证是以买卖合同为基础依据开立的，其中所列的条款，从理论上说，应当与买卖合同的规定相符。但在实际业务中，经常发现国外来证内容不完全符合买卖合同的规定，个别的甚至与之大相径庭。产生这种情况的原因各不相同：有的是开证人或开证行工作上的疏忽和差错；有的是由于某些进口国家的习惯做法或另有特殊规定；有的是开证人对我国政策不了解；也有的是国外客户故意在信用证内加列一些额外要求，但也不排除个别商家有其他的目的，在申请开证时故意设置陷阱。

因此，审核信用证必须十分谨慎、仔细，稍有疏忽就有可能影响履约，造成损失，甚至是重大损失。

出口企业审核信用证条款的主要依据是买卖合同，同时还需结合《跟单信用证统一惯例》（以下简称《UCP 600》）的解释和规定。因为信用证是以买卖合同为基础的，其所列条款理应与买卖合同相一致。但是，信用证本身又是一个独立的法律文件，因此，在信用证业务中，银行仅以信用证为依据而不受买卖合同约束。因此，受益人在收到信用证之后，应立即对照合同，参照《UCP 600》，自上而下，逐字逐句，仔细审核。

③ 修改信用证。

在审证时发现问题后，应提出修改信用证信息。

修改信用证的内容，直接关系到有关当事人的权利和义务的改变。所以，不可撤销信用证在其有效期内的任何修改，均须取得相关当事人的同意，方能生效。

修改信用证可由开证申请人主动提出，也可由受益人主动提出。如果由开证人申请提出修改，要经开证银行同意后，由开证银行发出修改通知书以信件、电报等通信工具通过原通知行转告受益人。修改内容须开证行、受益人接受后，修改方为有效。如由受益人提出要求修改，则应首先征得开证申请人同意，再由开证申请人按上述程序办理修改。

修改信用证的顺序：受益人→开证人→开证银行→通知银行→受益人。

在一份信用证中，有多处条款需修改的情况是常见的，对此，卖方应做到一次性向开证人提出，否则不仅增加双方的手续和费用，也影响出口企业的信誉。

（4）租船订舱

在备妥货物和核实信用证无误后，出口企业按买卖合同或信用证规定，对外履行装运货物的义务。

安排装运货物出口涉及的工作环节很多，其中以托运、订舱、投保、报关、装运和发装运通知为六个主要环节。本节以履行 CIF 出口合同并使集装箱班轮运输为例，简要介绍安排出口货物装运时上述各环节的具体做法。

① 托运。

所谓托运，是指出口企业委托货运代理出口货物运输事宜。在 CIF 合同以及使用集装箱班轮装运货物出口的情况下，出口企业办理托运，应向货运代理提交出口货运代理委托书，其内容通常包括：信用证规定的提单记载事项、货物的详细说明、装运港、目的港、装运期限、分批和转运的规定、对集装箱运输的有关要求（如集装箱的类别和数量等）。

此外，出口企业还必须向货运代理提供与本批货物有关的各项单证，如商业发票、装箱单和重量单（磅码单）、出口货物报关单、外汇核销单和报关委托书等。对有些特定货物，还需提供出口许可证、商检放行单等。

委托书是出口企业向货运代理提出的一种"要约"，一经货运代理确认，即"承诺"。在实际业务中，一般由货代以配舱回单反馈订舱船名、航次和提单号，即说明出口企业与货运代理之间的委托代理合同成立。

② 订舱（订箱）。

货运代理收到出口企业的货运代理委托书后，了解各班轮公司的船舶、船期、挂靠港及船舶箱位数等具体信息，选定合适的船舶后，向船公司或其代理所营运的船舶截单期前订舱位（箱位），即"订舱"（Space Booking）。

船公司或其代理收到货运代理的托运单（订舱单）后，经审核货名、重量、尺码、卸货港或到达地等信息后，认为可予接受的，即在托运单各联上填写船名、航次、编号（此编号俗称关单号，与该批货物的提单号保持一致）等信息并在托运单上签章，保存其所需各联，其余各联退回货运代理，此时，订舱手续即告完成，承、托运双方之间的运输合同即告成立。船公司或其代理必须保证供应集装箱箱量或舱位，按时配载装运，及时签发提单。

（5）报关

出口货物离境前（交付装运前），发货人（或其代理）需按照相关法律的规定以及海关的要求，在规定的期限内，填写出口货物报关单，并提供有关货运和商业单据。海关查验报关单据、货物，并依法征收税款，手续完成并审核通过后放行，准予出口。

(6) 投保

在履行CIF出口合同时，在配舱就绪、确定船名、航次和装运日期后，出口企业应于货物运离仓库前，按照出口合同和信用证的规定向保险公司办理投保手续。

在办理投保手续时，通常应填写“投保单”(Application For Transportation Insurance)，列明投保人名称、货名、数量、包装和标志、预计起航日期、投保险别、保险金额等信息。有时也有出口企业利用现成发票副本替代投保单。保险公司根据投保单考虑接受承保，并缮制签发保险单。

(7) 装运

采用集装箱班轮运输的情况下，在承运船舶抵港前，出口企业或其货运代理应根据港区所做的进港计划，将货物出口清关由海关加上铅封（Seal），集装箱存放于港区指定堆场。港区外轮理货员凭场站收据副本副联进行理货配载。船舶抵港后，由港区向托运人签收“缴纳出口货物港务费申请书”后，办理装船。

装船完毕，由船长或代理人在场站收据（正本）上签署，表明货物已收妥。出口企业或货运代理可凭大副收据向船公司或其代理换取已装船提单。

(8) 发装运通知

在CIF合同下，按国际惯例以及我国出口业务的规定，出口企业于货物装运（装船）后应向国外买方以电讯方式及时发出装运通知，或称“装船通知”(Shipping Advice)，以便买方为收取货物事先采取必需的措施。

装运通知的内容一般有合同或确认书号、信用证号、货物名称、数量、总值、唛头、装运口岸、装运日期、船名和航次等。举例如下。

Order No. RAP-599/2003, Credit No. DC LDI300954, Cushion Cover 20000 pcs into 200 cartons and Rugs 4500 pcs into 150 cartons and total into one 40’ container, CIF value USD74,150.00, Shipped on board on 08 Aug. 2003 on the vessel name: Han Jiang He, Voyage No. 331E, ETA Felixstowe date: on or about 02 Sep. 2003.

从以上出口合同履行的环节可以看出，在出口合同履行过程中，货、证、船的衔接是一项极其细致而又复杂的工作。因此，出口企业必须加强对出口合同的管理，建立起能反映出口合同执行情况的进程管理制度。

（9）制单结汇

货物装运后，出口企业应立即按照信用证的规定，正确缮制各种单据（有些单据需在货物装运前准备好），并在信用证规定的交单期和信用证的有效期内，将各种单据和必要的凭证送交指定的银行办理要求付款、承兑或议付手续，并向银行进行结汇。

（10）审单

信用证的审单，必须严格按照信用证的规定，以发票为中心，逐条逐项进行审核，做到“单证一致，单单一致”。比如“Documents must be presented to the bank after 15 days after shipment date”和“Documents must be presented to the bank within 15 days from the shipment date”之间就有不同的解释，不能有丝毫马虎。

（11）交单结汇

出口企业必须在信用证到期日之前将所有单据送交议付银行。如果信用证规定“此信用证在中国境内任何银行有效”，那么可将单据交出口商所在地的任何一家银行；但是如果信用证规定了“指定银行”，那么就一定要送交该家银行；否则有可能增加出口商的费用或引发风险。

交单是指出口商（信用证受益人）在信用证有效期和交单期限内，向指定银行提交符合信用证条款规定的全部单据。单据经银行审核确认无误后，根据信用证规定的付款条件，由银行办理出口结汇。

在我国出口业务中，使用议付信用证结汇的情况比较多。对于信用证的出口结汇办法，主要有三种：收妥结汇、定期结汇和买单结汇。

① 收妥结汇又称先收后结，是指出口地银行收到受益人提交的单据，经审核确认与信用证条款规定相符后，将单据寄交国外付款行收取货款，待付款行将外汇划给出口银行后，该行再按当日外汇牌价结算成人民币交付给受益人。

② 定期结汇是指出口地银行在收到受益人提交的单据经审核无误后，将单据寄给国外银行索偿，并自交单日起在事先规定期限内将货款外汇结算成人民币贷记受益人账户或交付给受益人。此项期限根据不同国家或地区的银行索汇邮程的时间长短分别确定。

③ 买单结汇又称出口押汇或议付，是议付行在审核单据后确认受益人所交单据符合信用证条款规定的情况下，按信用证的条款买入受益人的汇票和／或单据，按照票面金额扣除从议付日到估计收到票款之日的利息，将余额按议付日人民币市场汇率买入价折算成人民币，付给信用证的受益人。

议付行买入汇票和／或单据后，就成为汇票的善意持有人，即可凭汇票向信用证的开证行或其指定的银行索取票款。

根据《UCP 600》的规定，银行如果仅仅审核单据而不付出对价不能构成议付。

所以在上述三种情况下，进行收妥结汇和定期结汇的银行不能称为议付行，而只能称为审单行或寄单行。

在实际业务中，由于主观或客观原因，发生单证不符的情形是难以完全避免的。

若时间充足，受益人可以改单或改证，做到单证相符，来确保安全收汇。但若因时间问题，无法在信用证有效期内和交单期限内做到单证相符，则可根据实际情况灵活处理。

例如，不符点并不严重，则可在征得信用证开证人同意的前提下，由受益人出具保证书请求议付行“凭保议付”声明；如国外开证行拒付，由受益人自行负责，同时电请信用证开证申请人立即授权开证行付款。如单证不符情况较为复杂，可请议付行电告开证行单据中的不符点，征得开证行同意后议付，然后对外寄单。这种方式在我国银行业务中习称“电提”。

若议付行对不符单据不办理议付或经电提开证行不同意付款，那么就只能改做“跟证托收”。值得注意的是，“凭保议付”与“电提”已失去信用证开证行的信用保证，对出口商十分不利，即使出口商事先取得进口商的同意，也仍有可能被拒付，所以不宜轻易使用信用证项下的“跟单托收”，除已无银行信用可言外，其风险也较大。因为，“跟单托收”通常是在开证行拒绝接受存在不符点的单据后办理的，开证行不接受单据的实质是开证申请人拒绝接受。因此，除非确有把握或万不得已，决不能轻易采用这种方式。

此外，在单据经开证行审核被发现有不符点，并确属出口方责任时，除需抓紧时间与进口商联系并商榷处理办法外，还需做必要的准备，采取补救措施（如将货物转卖、运回国内等），防止造成更大的经济损失。

如上所述，在信用证支付条件下，受益人（出口商）为了安全收汇必须做到“单证一致”和“单单一致”。但不能疏忽的是，出口商还应承担买卖合同中规定的义务。

所以，出口商在履行合同时，除了要做到“单证一致”和“单单一致”外，还必须做到“证同一致”和“单货一致”。只有信用证与合同一致，所交货物与合同的规定一致，货物与单证一致，环环紧扣，才能保证安全收汇，并避免买方收到货物后提出异议或索赔。

合同中的品质条款应明确规定货物的品质，一般需要列明商品品名、规格或等级、标准、牌号等。按样品成交时，则列明样品的编号和寄送日期，有时也附列简要的规格。按标准买卖时，应列明所引用的标准和标准的版本、年份。

3.2 常见国际贸易术语及责任划分

3.2.1 有关贸易术语的国际惯例

1. 贸易术语的产生

贸易术语（Trade Terms）是国际贸易发展到一定历史阶段的产物。

国际贸易业务中包含装卸货物、投保货物运输险、报关和纳税等手续，并需支付运费、保险费、装卸费以及其他各项费用，同时货物在运输和装卸过程中还可能遭遇到自然灾害、意外事故和各种外来风险。有关这些事项由谁办理，费用由谁支付，风险由谁承担，买卖双方在磋商交易和订立合同时必须明确予以规定。

但是如果每次交易都要讨论这些问题，必然会增加贸易成本，因此出现了国际上统一的用简单字母组合表示的专门的贸易术语。交易双方只要协商确定用哪一个贸易术语，就基本明确了交易双方各自承担的责任、费用和风险，而不用详细地讨论众多具体的细节。为了适应国际贸易和交通运输与通信事业的发展，国际上采用的贸易术语也日渐增多，除传统的贸易术语外，近年来又出现了一些新的贸易术语。

2. 贸易术语的含义及作用

（1）贸易术语的含义

贸易术语又称价格术语或交货条件，它是用一个简短的概念或三个字母的缩写来说明价格的构成及买卖双方有关责任、费用和风险的划分，以确定买卖双方在交接货物过程中应尽的责任和义务。

（2）贸易术语的作用

贸易术语促进了国际贸易的发展，对于简化交易手续、缩短洽商时间和节约费用开支有着重要的作用，着重解决以下五个问题。

① 卖方在什么地方，以什么方式办理交货？

② 货物发生损坏或灭失的风险何时由卖方转移给买方？

③ 由谁负责办理货物运输、保险以及通关过境手续？

④ 由谁承担办理上述事项时所需的各种费用？

⑤ 买卖双方需要交接哪些有关的单据？

可见，运用好贸易术语，可简化双方交易手续，缩短交易过程，明确双方风险、责任、义务、费用划分及交易价格构成等问题。

3. 有关贸易术语的国际贸易惯例

贸易术语是在国际贸易实践中逐渐形成的，在很长时间内，由于各国法律制度、贸易惯例和习惯做法不同，因此国际上对各种贸易术语的解释与运用互有差异，从而容易引起贸易纠纷。为了避免各国在对贸易术语解释上出现分歧和引起争议，国际组织和一些商业团体便分别就某种贸易术语做出统一的解释和规定。

有关贸易术语的国际贸易惯例主要有三种，即《1932年华沙—牛津规则》《1941年美国对外贸易定义修订本》和《2010年国际贸易术语解释通则》。

（1）《1932年华沙—牛津规则》

《1932年华沙—牛津规则》（Warsaw-Oxford Rules 1932）是国际法学会专门为解释CIF合同而制定的。19世纪中叶，CIF术语在国际贸易中被广泛采用，但由于各国对其解释不一，从而影响CIF买卖合同的顺利履行。对此，国际法学会于1928年在波兰首都华沙开会，制定了关于CIF买卖合同的统一规则，称为《1928年华沙规则》，共22条。此后，在1930年的纽约会议、1931年的巴黎会议和1932年的牛津会议上，相继将此规则修订为21条，称为《1932年华沙—牛津规则》（Warsaw–Oxford Rules 1932）。

《1932年华沙—牛津规则》自1932年公布后，一直沿用至今，并成为国际贸易中颇有影响的国际贸易惯例。这一规则对CIF买卖合同的性质，买卖双方所承担的风险、责任和费用划分，以及货物所有权转移的方式等问题都做了比较详细的解释。

（2）《1941年美国对外贸易定义修订本》

1919年，美国九家商业团体共同制定了有关美国对外贸易定义的统一解释，命名为《美国出口报价及缩写条例》，后来于1940年在美国第27届全国对外贸易会议上对原条例进行修订。1941年7月30日，美国商会、美国进口商会理事会和全世界对外贸易理事会所组成的联合委员会通过并采用该条例，并改名为《1941年美国对外贸易定义修订本》（Revised American Foreign Trade Definition 1941）。

该定义规定和解释的贸易术语有：

① EX Point of Origin：原产地交货。

② FOB（Free on Board）：运输工具上交货。

③ FAS（Free Along Side Ship）：装运港船边交货。

④ C&F（Cost & Freight）：成本加运费。

⑤ CIF（Cost Insurance Freight）：成本加保险费、运费。

⑥ EX Dock：目的港码头交货。

《1941年美国对外贸易定义修订本》主要在美洲国家采用，由于它对贸易术语的解释同国际商会制定的《国际贸易术语解释通则》有明显的差异，所以，在同美洲国家进行交易时应加以注意。

（3）《2010年国际贸易术语解释通则》

①《2010年国际贸易术语解释通则》概述。

国际商会（International Chamber of Commerce，ICC）重新编写的《2010年国际贸易术语解释通则》（Incoterms® 2010，简称《2010通则》），是国际商会根据国际

货物贸易的发展，对《2000 通则》的修订，2010 年 9 月 27 日公布，于 2011 年 1 月 1 日开始全球实施。《2010 通则》较《2000 通则》更准确标明各方承担货物运输风险和费用的责任条款，令船舶管理公司更易理解货物买卖双方支付各种税费时的角色，有助于避免现时经常出现的码头处理费（THC）纠纷。此外，新通则亦增加大量指导性贸易解释和图示，以及电子交易程序的适用方式。

虽然《2010 通则》于 2011 年 1 月 1 日正式生效，但《2000 通则》并非就此自动作废。因为国际贸易惯例本身不是法律，对国际贸易当事人不产生必然的强制性约束力。国际贸易惯例在适用的时间效力上并不存在“新法取代旧法”的说法，即《2010 通则》实施之后《2000 通则》并非就此自动废止，当事人在订立贸易合同时仍然可以选择适用《2000 通则》甚至《1990 通则》。

相对《2000 通则》，《2010 通则》主要有以下变化：

a. 13 种贸易术语变为 11 种；

b. 贸易术语分类由四级变为两类；

c. 使用范围扩大至国内贸易合同。

②《2010 通则》中的贸易术语（见表 3-1）。

表 3-1 十一种贸易术语

组名	贸易术语	交货地点	风险转移界限	出口报关责任及费用	进口报关责任及费用	适用运输方式	租船定舱
E	EXW	商品产地、所在地	买方处置货物后	买方	买方	任何方式	—
F	FCA	出口国内地或港口	承运人或运输代理人处置货物后	卖方	买方	任何方式	买方
	FAS	装运港口	货交船边后	卖方	买方	水上运输	买方
	FOB	装运港口	货物越过船舷	卖方	买方	水上运输	买方

（续表）

组名	贸易术语	交货地点	风险转移界限	出口报关责任及费用	进口报关责任及费用	适用运输方式	租船定舱
C	CFR	装运港口	货物越过船舷	卖方	买方	水上运输	卖方
	CIF	装运港口	货物越过船舷	卖方	买方	水上运输	卖方
	CPT	出口国内地、港口	承运人处置货物后	卖方	买方	任何方式	—
	CIP	两国边境指定地点	承运人处置货物后	卖方	买方	任何方式	—
D	DAT	终点站交货	买方在指定地点收货后	卖方	买方	任何方式	卖方
	DAP	目的地交货	买方在指定地点收货后	卖方	买方	任何方式	卖方
	DDP	进口国内	买方在指定地点收货后	卖方	卖方	任何方式	卖方

③《2010通则》对买卖双方的义务划分及相对应的标准化规定。

在《2010通则》中，所有术语下当事人各自的义务均用十个项目列出，卖方在每一个项目中的地位对应买方在同一项目中的相应地位。《2010通则》中将买卖双方的义务分别用十个项目列出，予以标准化，以此对照检查，这就极大地方便了双方当事人对《2010通则》的使用。买卖双方相对应的十项义务如表3–2所示。

表3–2　买卖双方相对应的十项义务

卖方义务	买方义务
A1. 提供符合合同规定的货物	B1. 提供符合合同规定的货物
A2. 许可证、批准文件及海关手续	B2. 许可证、批准文件及海关手续
A3. 运输合同和保险合同	B3. 运输合同和保险合同
A4. 交货	B4. 交货
A5. 风险转移	B5. 风险转移
A6. 费用划分	B6. 费用划分
A7. 通知买方	B7. 通知买方

（续表）

卖方义务	买方义务
A8. 交货凭证、运输单证或相等的电子信息	B8. 交货凭证、运输单证或相等的电子信息
A9. 核查、包装及标记	B9. 核查、包装及标记
A10. 其他义务	B10. 其他义务

4. 国际贸易惯例性质

（1）惯例本身不是法律，它对贸易双方不具有强制性，故买卖双方有权在合同中做出与某项惯例不符的规定

交货地点不同，卖方承担的风险、责任和费用也不相同。如果双方约定，在出口国内的商品产地交货，卖方只需按约定时间和地点将货物备妥，买方则应自行安排运输工具将货物从交货地点运往最终目的地，并承担期间的一切风险、责任和费用。按这样的条件成交，货价自然很低。反过来，如果采取在进口国内的约定地点交货，卖方要承担在指定目的地将货物实际交给买方之前的一切风险，并且要负责办理货物从产地到目的地的运输、保险以及通关过境的手续，提交规定的单据，同时还要承担与之相关的费用，货价自然要升高。可见，贸易术语首先直接关系到商品的价格构成，也关系到双方风险、责任和义务的划分，这也是许多人将贸易术语称为价格术语的原因。

（2）国际贸易惯例对贸易实践具有重要的指导作用

一方面，如果双方都同意使用某种惯例来约束该项交易，并在合同中做出明确规定时，那么这项约定的惯例就具有了强制性。另一方面，如果双方对某一问题没有做出明确规定，也未注明该合同适用某项惯例，在合同执行中发生争议时，受理该争议案的司法和仲裁机构也往往会引用某一国际贸易惯例进行判决或裁定。

3.2.2 《2010通则》中常用的贸易术语及责任划分

在我国对外贸易中，经常使用的主要贸易术语为FOB、CFR和CIF三种。近年来随着集装箱运输和国际多式联运业务的发展，采用FCA、CPT和CIP贸易术语的情况也日益增多，因此，必须掌握这六种主要贸易术语的解释和运用。

1. FOB

FOB 术语的全称是 Free On Board（船上交货），是指货物在指定的装运港越过船舷，卖方即完成交货。这表示买方必须从该点开始承担货物灭失或损坏的一切风险。按照《2000 通则》规定，此术语只能适用于海运和内河航运。

根据《2010 通则》，买卖双方的主要义务及其注意事项如下。

（1）卖方义务

① 在合同规定的时间和装运港口，将合同规定的货物交到买方指派的船上，并及时通知买方。

② 承担货物交至装运港船上之前的一切费用和风险。

③ 自负风险和费用，取得出口许可证或其他官方批准证件，并且办理货物出口所需的一切海关手续。

④ 提交商业发票和自费提供证明卖方已按规定交货的清洁提单，或具有同等作用的电子信息。

（2）买方义务

① 订立从指定装运港口运输货物的合同，支付运费，并将船名、装货地点和要求交货的时间及时通知卖方。

② 根据买卖合同的规定受领货物并支付货款。

③ 承担受领货物之后所发生的一切费用和风险。

④ 自负风险和费用，取得进口许可证或其他官方证件，并办理货物进口所需的一切海关手续。

问题与思考

某出口公司向外商出售一级大米 500 吨，成交价格条件 FOB 天津。装船时货物经检验符合合同要求，货物出运后，卖方及时向买方发出装船通知。但是航运途中，因海浪过大，大米多数被海水浸泡，品质受到影响。货物到达目的港后，只能按三级大米价格出售，于是买方要求卖方赔偿差价损失。请问应如何处理这一纠纷？

（3）使用FOB术语需注意的问题

① 风险界限划分问题。

由于国际贸易中对“装船”概念缺乏统一明确的解释，因此风险划分的界限也有不同的解释。一般解释为在装运港将货物从岸上起吊并越过船舷就应当认为已装船。《2010通则》认为当货物在装运港超越船舷时，卖方即履行了交货义务，即风险的划分以船舷为界。有的解释为将货物装到船的甲板上才算装船，即风险的划分以甲板为界；有的解释为将货物装到舱底才算装船，即风险的划分以舱底为界；还有的解释为将货物运至受载船只吊钩所及之处就算装船。虽然从实际的装船作业来看，货物从岸上起吊，越过船舷到装入船舱是一个连续的过程，很难截然分开，但从法律后果来看，上述概念是不尽相同的。关于装船的概念问题不仅涉及买卖双方风险划分的界限，同时也涉及买卖双方的费用负担。为此，在洽商交易时应对装船的概念予以明确，并应在合同中注明风险划分的界限。

② 装船费用负担问题。

由于国际上对装船的概念解释不一，因而产生买卖双方对装船有关费用主要是理舱费和平舱费由谁来负担的问题。为了更加明确有关装船费用负担问题，买卖双方往往在FOB价格术语（航租船条件下）后面加列一些附加条件，从而产生了以下几种FOB变形。

a. FOB Liner Terms（FOB班轮条件）。这一变形是指装船的有关费用按照班轮的做法处理，即卖方不负担这些费用，而是由船方或买方承担。

b. FOB Under Tackle（FOB吊钩下交货）。这一变形是指卖方仅负责承担费用将货物交到买方指派船只的吊钩所及之处，即吊装开始的其他各项装船费用概由买方负担。

c. FOB Stowed（FOB理舱费在内）。这一变形是指卖方负责将货物装入船舱并负担包括理舱费在内的装船费用。

d. FOB Trimmed（FOB平舱费在内）。这一变形是指卖方负责将货物装入船舱并负担包括平舱费在内的装船费用。

在许多标准合同中，为表明由卖方承担包括理舱费和平舱费在内的各项装船费用，常采用 FOBST（FOB Stowed and Trimmed）来表示。

上述 FOB 的几种变形，只是用以明确有关装船费用的负担问题，并未改变 FOB 的性质。

问题与思考

我方向美商询购冷卷板。某日美商报冷卷板 300 公吨，每公吨 320 美元 FOB NEW YORK。问这里的“FOB NEW YORK”有无特殊解释？

③ 租船定舱问题。

在采用 FOB 价格术语时，卖方可接受买方的委托，代为租船或订舱和投保。但这属于代办性质，运费和保险费仍由买方承担。如果卖方尽力但仍租不到船或订不到舱时，卖方概不负责，买方无权撤销合同或向卖方索赔。

2. CFR

CFR 术语的全称为 Cost and Freight（成本加运费），也称运费在内价，是指货物在装运港越过船舷，卖方即完成交货，并支付货物运至指定目的港所需的运费和必要的费用。但交货后货物灭失或损坏的风险以及由于各种事件造成的额外费用，则转移到买方。

根据《2010 通则》，CFR 术语买卖双方的主要义务及其注意事项如下。

（1）卖方义务

① 签订从指定装运港将货物运往约定目的港的合同，在买卖合同规定的时间和港口，将合同要求的货物装上船并支付至目的港的运费，装船后及时通知买方。

② 承担货物在装运港越过船舷之前的一切费用和风险。

③ 自负风险和费用，取得出口许可证或其他官方批准证件，且办理货物出口所需的一切海关手续。

④ 提交商业发票，以及自费向买方提供为买方在目的港提货所用的通常的运输单据，或具有同等作用的电子信息。

（2）买方义务

① 接受卖方提供的有关单据，受领货物，并按合同规定支付货款。

② 承担货物在装运港越过船舷以后的一切风险与费用。

③ 自负风险和费用，取得进口许可证或其他官方批准证件，并且办理货物进口所需的海关手续，支付关税及其他有关费用。

（3）使用 CFR 术语应注意的问题

① CFR 条件下，根据国际贸易惯例的解释和有些国家的法律规定，卖方在货物装船后必须及时向买方发出装船通知，以便买方及时办理保险手续，防止漏保。对此，买卖双方往往还要在合同中做出明确规定，如果卖方不及时发出装船通知，致使买方未能投保，卖方要求承担货物在运输途中的风险。英国《1893 年货物买卖法》（1979 年修订本）中规定："如果卖方未向买方发出装船通知，以便买方对货物办理保险，那么，货物在海运途中的风险被视为由卖方负担。"如果货物在运输途中遭到损坏或灭失，由于卖方未发出装船通知使买方漏保，那么卖方就不能以风险在船舷转移为由免除责任。

② 租船运输时目的港卸货费用的确定。需要指出的是，大宗商品按 CFR 条件成交，容易在卸货费问题上引起争议。这是因为大宗商品通常采用租船运输，而在不少场合，船方按不负担装卸费条件出租船舶。故卸货费究竟由何方负担，买卖双方应在合同中订明。因此，在 CFR 的基础上产生了 CFR 的变形，来解决卸货费在买卖双方之间如何划分的问题。

a. CFR Liner Terms（CFR 班轮条件）。这一变形是指卸货费按班轮办法处理，即买方不负担卸货费。

b. CFR Landed（CFR 卸到岸上）。这一变形是指由卖方负担卸货费，其中包括可能涉及的驳运费在内。

c. CFR Ex Tackle（CFR 吊钩下交货）。这一变形是指由卖方负责将货物从船舱吊起卸到船舶吊钩所及之处（码头上或驳船上）的费用，在船舶不能靠岸的情况下，租用驳船的费用和货物从驳船卸到岸上的费用都由买方负担。

d. CFR Ex Ship's Hold（CFR 舱底交货）。这一变形是指货物运到目的港后，由买方自行启舱，并负担货物从舱底到码头的费用。

应当指出，在上述 CFR 后面另例附加条件，只是为了进一步明确卸货费用由何方负担的问题。尽管 CFR 术语有不同变形，但交货地点和风险划分的界线，并无任何改变。

问题与思考

我国某公司按 CFR 术语与英国 A 客户签约成交，合同规定保险由买方自理。我方于 10 月 15 日凌晨 1 点装船完毕，受载货轮于当日下午起航。因 10 月 15 日、16 日是周末，我方未及时向买方发出装船通知。17 日上班收到买方急电称：货轮于 16 日下午 4 时遇难沉没，货物灭失，要求我方赔偿全部损失。请问我方是否应该赔偿？

3. CIF

CIF 术语的全称为 Cost, Insurance and Freight（成本、保险费加运费），是指货物在装运港越过船舷时卖方即完成交货。卖方支付货物运至目的港的运费和必要的费用，但交货后货物的风险及由于各种事件造成的任何额外费用由买方承担。卖方还须办理保险，支付保险费。

根据《2010 通则》，CIF 术语买卖双方的主要义务及其注意事项如下。

（1）卖方义务

① 签订从指定装运港承运货物的合同，在合同规定的时间和港口，将合同要求的货物装上船并支付至目的港的运费，装船后须及时通知买方。

② 承担货物在装运港越过船舷之前的一切费用和风险。

③ 按照买卖合同的约定，订立保险合同，并自负费用办理水上运输保险。

④ 自负风险和费用，取得出口许可证或其他官方批准证件，并办理货物出口所需的一切海关手续。

⑤ 提交商业发票和在目的港提货所用的通常的运输单据或具有同等作用的电子信息，并且自费向买方提供保险单据。

（2）买方义务

① 接受卖方提供的有关单据，受领货物，并按合同规定支付货款。

② 承担货物在装运港越过船舷之后的一切风险和费用。

③ 自负风险和费用，取得进口许可证或其他官方批准证件，并且办理货物进口所需的一切海关手续。

（3）使用 CIF 术语需注意的问题

① 保险险别问题。

在 CIF 条件下，保险应由卖方负责办理，但对应投保的具体险别，各国的惯例解释不一。因此，买卖双方应根据商品的特点和需要，在合同中具体订明。

a. 如果合同中未做具体规定，则应按有关惯例来处理。

b. 如买方要求投保战争险，一般都应由买方自费投保。卖方代为投保时，费用仍由买方负担。

c. 卖方实质上是为买方利益办理的投保手续，因此投保何种险别，双方应尽量商量确定。《2010 通则》认为当合同未对保险事项做出明示时，卖方只需投保最低险别，而且卖方办理的保险属于代办性质。

② 租船订舱问题。

依照对 CIF 贸易术语的一般解释，卖方应按通常的条件及惯驶的航线，租用通常类型的船舶。因此，除非买卖双方另有约定，对于买方提出的关于限制载运要求，卖方均有权拒绝接受。但在外贸实践中，为发展出口业务，考虑到某些国家的规定，如买方有要求，在能办到而又不增加额外费用的情况下，也可考虑接受。

③ 卸货费用问题。

关于卸货费，因各国港口有不同的惯例，有的港口规定由船方负担，有的港口规定由收货人负担等。通常如使用班轮运输，班轮管装管卸，卸货费已包括在运费之内。大宗货物的运输要租用不定期轮船，故买卖双方应明确卸货费用由何方负担并在合同中订明，以免日后发生纠纷。明确卸货费用由谁负担的方法是在 CIF 贸易术语后面加列各种附加条件，这样，就形成了如下几种变形。

a. CIF Liner Terms（CIF 班轮条件）。这一变形是指卸货费用按照班轮的做法办理，即买方不负担卸货费，而由卖方或船方负担。

b. CIF Landed（CIF 卸至码头）。这一变形是指由卖方承担将货物卸至码头上的各项有关费用，包括驳船费和码头费。

c. CIF Ex Tackle（CIF 吊钩下交接）。这一变形是指卖方负责将货物从船舱吊起卸到船舶吊钩所及之处（码头上或驳船上）的费用。在船舶不能靠岸的情况下，租用驳船费用和货物从驳船卸至岸上的费用概由买方负担。

d. CIF Ex Ship's Hold（CIF 舱底交接）。按此条件成交，货物运达目的港在船上办理交接后，自船舱底起吊直至卸到码头的卸货费用均由买方负担。

④ 象征性交货。

象征性交货（Symbolic Delivery）是针对实际交货（Physical Delivery）而言的。前者指卖方只要按期在约定地点完成装运，并向买方提交合同规定的包括物权凭证在内的有关单证，就算完成了交货义务，无须保证到货。后者则指卖方要在规定的时间和地点，将符合合同规定的货物提交给买方或其指定人，而不能以交单代替交货。

CIF 是一种典型的象征性交货，即卖方凭单交货、买方凭单付款，属于单据买卖。至于货物在途中损失或者货到后发现质量不符合要求，买方可根据情况分别向船方、保险公司或卖方提出索赔。

问题与思考

某年某出口公司对加拿大魁北克某进口商出口 500 吨核桃仁，合同规定价格为每吨 4800 加元 CIF 魁北克，装运期不得晚于 10 月 31 日，不得分批和转运并规定货物应于 11 月 30 日前到达目的地，否则买方有权拒收，支付方式为 90 天远期信用证。对方于 9 月 25 日开来信用证。卖方于 10 月 5 日装船完毕，但船到加拿大东岸时已是 11 月 25 日，此时魁北克已开始结冰。承运人担心船舶驶往魁北克后出不来，便根据自由转船条款指示船长将货物全部卸在哈利法克斯，然后从该港改装火车运往魁北克。待这批核桃仁运到魁北克已是 12 月 2 日。于是进口商以货物晚到为由拒绝提货，提出除非降价 20% 以弥补其损失。几经交涉，最终以卖方降价 15% 结案，使公司共损失36万加元。我们应该从中吸取哪些教训？

4. FCA

FCA术语的全称为Free Carrier（货交承运人），是指卖方在规定的时间、地点将货物交给买方指定的承运人，并办理出口清关手续，完成交货义务。若卖方在其所在地交货，应负责装货；若在其他地点交货，则不负责卸货。

根据《2010通则》，FCA术语买卖双方的主要义务及其注意事项如下。

（1）卖方义务

① 在合同规定的时间、地点，将合同规定的货物交于买方指定的承运人收管，并及时通知买方。

② 承担将货物交给承运人收管之前的一切费用和风险。

③ 自负风险和费用，取得出口许可证或其他官方批准证件，并办理货物出口所需的一切海关手续。

④ 提交商业发票或具有同等作用的电子信息，并自费提供通常的交货凭证。

（2）买方义务

① 签订从指定地点承运货物的运输合同，支付有关的运费，并将承运人名称及有关情况及时通知卖方。

② 根据买卖合同的规定受领货物并支付货款。

③ 承担受领货物之后所发生的一切费用和风险。

④ 自负风险和费用，取得进口许可证或其他官方批准证件，并且办理货物进口所需的一切海关手续。

（3）使用FCA应注意的问题

交货地点的选择会影响装卸货物的责任划分，主要区分交货地点是否在卖方所在地。关于承运人和交货地点，《2010通则》中有新规定：交货地点的选择直接影响到装卸货物的责任划分问题。如果双方约定的交货地点是在卖方所在地，卖方负责把货物装上买方安排的承运人所提供的运输工具即可；如果交货地点是在其他地方，卖方就要将货物运交给承运人，在自己所提供的运输工具上完成交货义务，而无须负责卸货。

5. CPT

CPT 术语的全称为 Carriage Paid To（运费付至），是指卖方向其指定的承运人交货，并支付运费、办理出口清关手续。买方承担卖方交货之后的一切风险和其他费用。

根据《2010 通则》，CPT 术语买卖双方的主要义务与 FCA 术语相比较，卖方除需另外办理运输并支付有关运费外，其他买卖双方的义务类似于 FCA 术语。

6. CIP

CIP 术语的全称为 Carriage and Insurance Paid To（运费、保险费付至），是指卖方向其指定的承运人交货，支付货到目的地的运费，办理货物在途中的保险并支付保险费，承办出口清关手续。买方承担卖方交货之后的一切风险和额外费用。该术语适用于各种运输方式，因此有人称之为“复合运输 CIF 条件”。

根据《2010 通则》，CIP 术语买卖双方的主要义务如下。

（1）卖方义务

① 订立将货物运往指定目的地的运输合同，并支付有关运费。

② 在合同规定的时间、地点，将合同规定的货物置于承运人的控制之下，并及时通知买方。

③ 承担将货物交给承运人控制之前的风险。

④ 按照买卖合同的约定，自负费用投保货物运输险。

⑤ 自负风险和费用，取得出口许可证或其他官方批准证件，并办理货物出口所需的一切海关手续，支付关税及其他有关费用。

⑥ 提交商业发票和在约定目的地提货所需的通常的运输单据或具有同等作用的电子信息，并且自费向买方提供保险单据。

（2）买方义务

① 接受卖方提供的有关单据，受领货物，并按合同规定支付货款。

② 承担自货物在约定地点交给承运人控制之后的风险和其他费用。

③ 自负风险和费用，取得进口许可证或其他官方批准证件，并且办理货物进口所需的一切海关手续，支付关税及其他有关费用。

7. 六种主要贸易术语的异同

FCA、CPT、CIP 三种术语分别是在 FOB、CFR、CIF 三种常用贸易术语的基础上为了适应多种运输方式的需要而产生的，其与三种常用贸易术语的共同点如下。

（1）出口手续的办理。

（2）买卖双方在办理运输和保险的责任上，FCA 与 FOB 相同，CPT 与 CFR 相同，CIP 与 CIF 相同。

六种主要贸易术语的区别如表 3-3 所示。

表 3-3　六种主要贸易术语的区别

术语 不同点	FOB、CFR、CIF	FCA、CPT、CIP
适用的运输方式	仅适用于海运和内河运输	适用于各种运输
交货和风险转移地点	交货点和风险划分点都是船舷	交货点和风险划分点因运输方式不同而有多种情况
租船运输时装卸费用负担	贸易合同中要采用贸易术语变形加以确定装卸费用负担	运费中包含装货费或卸货费，贸易合同中无须采用术语变形
运输单据	卖方提交清洁已装船提单	因运输方式不同而有多种情况

3.3 跨境贸易单证

3.3.1 国际贸易单证认知

1. 外贸单证的含义

外贸单证是对外贸易所涉及的单据和证单的总称。

单据是指进出口商自己制作签发的各种书面凭据，如发票、包装单、装船通知、受益人证明和寄单证明等。

证单是政府各部门签发的各种证书或单据，如商检部门签发的各种检验证书、换证凭证、换证凭条、质量许可证、出入境货物通关单和流行价格报告；外经贸部门签发的进出口许可证、批文等；外汇管理部门签发的外汇核销单；运输部门签发的船东证明、提（运）单；邮政部门签发的邮政收据等。

2. 外贸单证的种类

按照不同的划分标准，外贸单证可分为如下几种。

（1）从形式上划分

① 要式单证。

要式单证是指外单位制作签发，有固定格式，不能由进出口商自己设计、制作和签发的单证，如提单、原产地证书、普惠制产地证书、进出口货物通关单、商检证书、进出口许可证等。

② 非要式单证。

非要式单证是指由进出口商自己设计、制作和签发的没有固定格式的单证，如发票、包装单、装运通知和受益人证明等。

（2）从本质上划分

① 基本单证。

基本单证是指向海关递交填好的报关单时，必须随附的、与进口货物直接相关的货物提货单和商业单据单证。商业发票是指单位或个人在购销商品、提供劳务或接受劳务、服务以及从事其他经营活动，提供给对方的收付款的书面证明，是财务收支的法定凭证，是会计核算的原始依据，也是审计机关、税务机关执法检查的重要依据。在各种外贸单据中，商业发票处于核心地位，起关键作用，是基本单证。

② 附属单证。

附属单证也称辅助单证，是指除商业发票外的其他单证，如提单、包装单、装船通知、保险单、受益人证明、品质证书、数量证书、原产地证书和普惠制产地证书等。在各种外贸单据中，以上这些单证处于非核心地位，不起关键作用，是附属单证。

(3) 从功能上划分

① 议付单证。

议付单证是指为办理议付手续而制作或生成的单证，并可同时记录佣金的支付情况等各项费用，方便成本核算，如发票、提单、包装单、装船通知、保险单、受益人证明、品质证书、数量证书、原产地证书和普惠制产地证书等。

② 非议付单证。

非议付单证是指不是为了办理议付手续而制作或生成的单证，如核销单、进出口许可证、换证凭证、换证凭条、报检单、报关单和进出口货物通关单等。

(4) 从范围上划分

① 广义的外贸单证是指所有涉及进出口业务的单据和证单，包括出口和进口两个方面。

② 狭义的外贸单证仅指出口业务的结汇单证。

3. 常用的出口单据

出口单据的种类很多，究竟需要提交哪些单据，其内容、份数和制作方法如何，应按照不同交易的买卖合同与信用证的规定来确定。在以信用证方式结算货款的交易中，提交的单据则必须与信用证条款的规定严格相符。

现将在履行CIF出口合同、使用班轮运输情况下，常用的出口单据的用途进行说明如下。

(1) 商业发票

商业发票（Commercial Invoice），简称发票（Invoice），是出口商向进口商开立的发货价目清单，是买卖双方记账的依据，也是进出口报关缴税所不可缺少的单据之一，是装运货物的总说明。

在有的即期信用证业务中，发票替代汇票作为付款的凭证。因为发票全面反映了所交付的货物的状况，所以发票是出口商必须提供的主要单据之一。

(2) 海关发票

海关发票（Customs Invoice）是根据某些进口国海关的规定，由出口商填制的一种特定格式的发票，它的主要作用是供进口商凭以向海关办理进口报关、纳税等手续。

进口国海关根据海关发票查验进口商品的价值和产地来确定该商品是否可以进口、是否可以享受优惠税率，查核货物在出口国市场的销售价格，以确定出口国是否以低价倾销而征收反倾销税，并据以计算进口商应缴纳的进口税款。因此，对进口商来说，海关发票是一种很重要的单据。

海关发票由出口方填制，有些国家或地区称其为“Combind Certificate of Value and Origin”（价值与原产地联合证明书），或“Certified Invoice”（证实发票）等。信用证中常见对于海关发票所用的名称一般有以下几种。

① Customs Invoice。

② Invoice and Combined Certificate of Value and Origin。

③ Appropriate Certified Customs Invoice。

④ Signed Certificate of Value and Origin in Appropriate Form。

⑤ Certified Invoice in Accordance With ××××（进口国）Customs Regulations（根据 ××× 国海关法令开具的诚实发票）。

⑥ Special Customs Invoice。

目前，要求提供海关发票的主要国家（地区）有美国、加拿大、澳大利亚、新西兰、牙买加、加勒比等共同市场国家以及非洲的一些国家等。

（3）领事发票

有些进口国家要求国外出口商必须向该国海关提供领事发票，其作用与海关发票相似。各国领事签发发票时，均需收取一定的领事签证费。有些国家规定了领事发票的特定格式，也有些国家规定可以在出口商的商业发票上由该国领事签注。

（4）厂商发票

厂商发票是出口商所出具的以本国货币为计价单位，用来证明出口国国内市场的出厂价格的发票，其作用是供进口国海关估价、核税以及征收反倾销锐。

如国外来证要求提供厂商发票，应参照海关发票有关国内价格的填写办法来处理。

（5）形式发票

形式发票（Performance Invoice）是由出口商在商订合同时，或者出口货物前出具的发票。此种发票的出具多为进口国当局的要求。其内容要求与货物出口后的真实发票相一致。有时，有的进口商将形式发票作为贸易合同使用。

（6）汇票

在现代国际货款结算中，非现金结算占主要地位，票据则是非现金结算中基本的支付工具，包括汇票、支票、本票三种。在国际结算中，主要使用汇票。在出口交易中，货款的收付通常使用随附单据的“跟单汇票”，出口商通过汇票采用“逆汇”法向进口商收取货款。

（7）运输单据

在国际贸易中海洋运输时大多使用海运提单，海运提单（Ocean Bill of Lading），简称提单（B/L），是由船公司或其代理人签发的，证明已收到特定的货物，允诺将货物运送到特定的目的地，并交付收货人的书面凭证。它的性质和作用是，提单是承运人或其代理人签发的货物收据（Receipt for the Goods），证明已按提单所列内容收到货物。

提单是货物所有权的凭证（Document of Title），提单的合法持有人有权凭提单向承运人或其代理人提取货物，也可以在货物到达前办理转让，或者凭提单向银行办理抵押贷款。

提单是承运人与托运人之间订立的运输合同的证明（Evidence of Contract），也是承运人与托运人和/或收货人处理双方权利、义务的依据。CIF 出口合同项下，海运提单是出口商必须提交的单据之一。

（8）包装单据

包装单据是指一切记载或描述商品包装情况的单据，它是商业发票的补充单据。除散装货外，一般进口商均要求出口商提供包装单据。不同商品有不同的包装单据，常用的有装箱单（Packing List）、重量单（Weight List）、尺码单（Measurement List）和磅码单（Weight Memo）等。

（9）保险单据

保险单据是合格的保险合同证明。出险时，被保险人可以凭保险单要求赔偿。保险单是赔偿权的证明文件，是一种潜在的利益凭证。保险单背书后，可以随货物所有权的转移而进行转让。若被保货物发生投保责任范围内的损失，可以凭保险单到保险公司理赔，获得经济上的补偿。保险单也是 CIF/CIP 合同项下的受益人（出口商）向银行进行交单结汇的单据之一。

（10）一般原产地证明书

原产地证明书（The Instractions of Origin）是出口商应进口商的要求而提供的，由商会、公证机构、政府部门或出口商自己出具的，证明货物原产地或制造地的一种证明文件。

原产地证明书是贸易关系人交接货物、结算货款、索赔理赔以及进口通关征税的有效凭证，它还是出口国享受配额待遇、进口国实行不同贸易政策的手段之一。

（11）普惠制原产地证书

新西兰、日本、加拿大和欧盟等几十个国家给我国以普惠制待遇，凡向这些国家出口的货物，须提供普惠制原产地证书，作为对海关减免关税的依据。

（12）检验检疫证书

检验检疫证书包括品质检验证书、重量检验证书和卫生检验证书等。

4. 外贸单证的发展趋势

（1）纸质单证

进出口纸质单证是指传统的单证，使用范围广。

（2）电子单证

从20世纪80年代开始，关于电子数据交换即EDI单证的各种知识开始流行起来。EDI是英文 Electronic Data Interchange 的缩写。电子数据交换是目前为止较为成熟和使用范围最广泛的电子商务应用系统，其根本特征在于标准的国际化。标准化是实现 EDI 的关键环节。

在国际、国内贸易活动中使用 EDI 业务，以电子文件交换取代了传统的纸面贸易文件（如订单、发货票、发票），双方使用统一的国际标准格式编制文件资料，利用电子方式将贸易资料准确迅速地由一方传递到另一方，是发达国家普遍采用的“无纸贸易手段”，也是世贸组织成员国必须使用和推广的标准贸易方式。

EDI 用于外贸业务，可提高用户的竞争能力。EDI 用于通关和报关，可加速货物通关，提高对外服务能力，减轻海关业务的压力，防止人为弊端，实现货物通关自动化和国际贸易的无纸化。

目前，在进出口业务中，多数国家仍以纸质单证为主。很少国家真正使用了 EDI 电子单证办理进出口业务，特别是结汇手续，近年来许多国外银行开具出口商的信用证，没有一份是要求使用电子单证来办理结汇手续的。

3.3.2 相关单证缮制

1. 外贸单证缮制的要求

现代国际贸易绝大部分采用象征性交货方式，在出口业务中做好单证缮制工作，对及时安全收汇有特别重要的意义。在信用业务中，由于银行只凭信用证，不需要买卖合同，只凭单证，不管货物，对单证的要求就更为严格。因此对于出口单证，必须符合正确、完整、及时、简明和整洁的要求。

（1）正确无误

正确无误是对外贸单证制作的首选要求。只有单证正确，才能保证安全收汇。

① 错误性质划分。

外贸单证的错误，可分为轻微错误和重大错误两类。前者指非关键内容的错误，如标点符号、英文字母等错打或漏打；后者是指关键内容的错误，如货物名称、规格、价格、总值、抬头和落款等错误。

对于轻微单证错误，在市场前景好，买方又真正需要货物的情况下，一般是通过开证银行扣除不符点处理费来解决，而非拒付货款。一个不符点的处理费用一般是 50 ~ 60 美元或其他等值货币金额。对于重大单证错误，单纯扣钱不能解决问题，很有可能被开证银行拒付货款。不管是轻微错误，还是重大错误，都会给出口商的安全收汇带来或大或小的风险，都应尽量避免。

② 正确性判断依据。

一是“三个一致”，即“单证一致、单约一致、单单一致”。在信用证结算方式下，做到单证与信用证规定一致，单证与单证之间一致；在汇付和托收结算方式下，做到单证与进出口合同规定一致，单证与单证之间一致。这里“一致”的含义是指单证的表面一致。

二是单证必须符合有关国际贸易惯例和进出口国有关法律法规要求。这里说的国际贸易惯例主要指国际商会的《跟单信用证统一惯例》《托收统一规则》和《国际贸易术语解释通则》。

（2）完整无缺

在保证单证正确无误的前提下，还应该做到单证完整无缺。

① 内容完整。

内容完整是指单证内容完整，没有遗漏缺失，信用证或合同规定要显示的内容一项不少都显示出来。

② 种类齐全。

种类齐全是指单证种类完整、齐全，信用证或合同需要多少种单证就提供多少种单证，种类上不缺不漏。

③ 份数足够。

每种单证所需的份数足够，信用证或合同需要多少份单证，要全部提供，正本或副本份数都不能缺少。

（3）及时有效

① 及时制单。

在信用证付款方式下，并在信用证规定的交单期内，及时办理和制作好全部所需各种有效单证。在汇付和托收付款方式下，虽没有规定具体交单期限，出口商也要尽早制作好各种所需单证。

② 及时交单。

将办理或制作好的单证及时提交给议付银行签收。错过了交单期，会给安全收汇带来风险。及时制单交单还能提高经济效益，减少费用支出，降低收汇风险，有利于尽早收汇。

③单证有效。

单证有效是指提交给议付银行的单证要真实有效，不能非法伪造、变造外单位的单证。

（4）简明扼要

简明扼要是对外贸单证的基本要求。外贸单证上的内容要尽量做到简明扼要，不拖泥带水。无用的内容要坚决去掉，一定要做到重要内容要坚决地显示出来，不多不少，恰到好处。如不必在包装单上显示货物单价、总值和合同日期；不必在商业发票上用英文大写表示货物数量等。

（5）美观整洁

美观整洁也是对制作外贸单证的要求。

单证美观整洁是要求制作出来的单据应清晰、美观、大方，讲艺术、有美感，特别是对于非要式单据，表格的设计、字体的选用、字号的大小以及行距字距的选择，应尽量做到大方美观，切忌潦草马虎。

2. 外贸单证制作和审查的依据

（1）在信用证结算方式下，外贸单证制作和审查的依据

在信用证结算方式下，外贸单证制作和审查的依据包括外贸合同、信用证、商品原始资料、《跟单信用证统一惯例》、《托收统一惯例》以及国内相关法律法规。

（2）在汇付和托收结算方式下，外贸单证制作和审查的依据

在汇付和托收结算方式下，外贸单证制作和审查的依据包括外贸合同、装船指令、商品原始资料以及国内相关法律法规。

商品的原始资料是指来自生产企业或出口商仓库提供的交货单、货物出库/厂装箱单，主要包括货物数量、重量、体积、批号、生产日期、有效期限、色彩搭配、规格搭配和存货地点等。

本章小结

本章主要阐述了国际贸易的主要流程以及与其相关的外贸术语和单证。通过学习，读者应了解国际贸易中进口和出口前分别应做的准备工作；明确掌握国际货物买卖合同的基本内容、商订及履行。在介绍国际贸易术语及责任划分的同时，本章对《2010 通则》中常用的几种国际贸易术语也做了详细介绍。读者应了解国际贸易单证的含义、种类及发展趋势，并熟知其制作方式和审查依据，以进一步加深对国际贸易术语和单证的认知与理解。

第4章 国际贸易支付

国际贸易支付方式是国际间因商品交换而发生的以贷款为主要内容的债权债务清算方式。不同的支付方式包含着不同的支付时间、地点和方法。随着国际间商品交换的加强和扩大，贷款的收付已由现货交易逐渐演变为以买卖双方通过银行或其他中介进行结算为特征的各种支付方式。支付方式是国际贸易环节中最关键的部分之一，掌握灵活便捷的支付方式，熟悉相关支付条款的制定，有利于达到进出口合作伙伴双赢的目的。

知识目标

1. 了解电汇。

2. 了解托收的含义、方式和程序。

3. 了解托收的特点和国际惯例。

4. 了解信用证支付的含义、特点和流程。

5. 了解信用证的主要内容和种类。

6. 了解电汇支付方式条款的制定。

7. 了解托收支付方式条款的制定。

8. 了解信用证支付方式条款的制定。

能力目标

1. 学会使用电汇、托收和信用证等方式来完成国际贸易的支付。

2. 能够分辨托收的 4 种当事人和信用证支付的 8 种当事人在支付环节中的定位和作用。

3. 掌握电汇、托收以及信用证支付的条款制定方法。

4.1 国际贸易支付

4.1.1 电汇

电汇（Telegraphic Transfer，T/T）是汇出行应汇款人的申请，拍发加押电报或电传给另一国家的分行或代理行（即汇入行），指示解付一定金额给收款人的一种汇款方式。发电后汇出行将电报证实书寄给汇入行以便核对电文。汇入行核对密押后，缮制电汇通知书，通知收款人取款。汇入行解付货款后，将付讫借记通知书寄给汇出行进行转账。其特点是速度快，但费用较高。

4.1.2 托收

1. 托收的含义

托收（Collection）是国际结算中常用的方式。它是指收款人或债权人将有关单据交与本地银行，委托该银行通过其国外代理行向付款人或债务人收取货款的业务。

在国际贸易中，托收一般是通过银行进行的，所以又叫银行托收。

2. 托收方式的主要当事人

托收方式的有关当事人有：

① 委托人（Principal），即委托银行办理托收业务的客户，通常是出口人。

② 托收银行（Remitting Bank），即办理托收业务的出口地银行。

③ 代收银行（Collecting Bank），即接受托收行的委托向付款人收取票款的进口地银行。通常是托收银行的国外分行或代理行。

④ 受票人（Drawee），即付款人或债务人，通常为进口商。

在托收业务中，还可能有另外两个当事人：提示行和需要时的代理。提示行（Presenting Bank）是指向付款人提示汇票和单据的银行。需要时的代理（Customer's representative in case of need）是指委托人指定的在付款地代为照料货物存仓、转售、运回等事宜的代理人。

3. 托收的方式和程序

（1）托收的方式

托收可根据是否附带商业单据，分为光票托收和跟单托收，国际贸易中货款的收取大多采用跟单托收。在跟单托收情况下，根据交单情况不同，又可分为付款交单和承兑交单两种。

① 付款交单（Documents against Payment，D/P）。

付款交单是指出口人的交单以进口人的付款为条件，即出口人发货后，取得装运单据，委托银行办理托收，并在托收委托书中指示银行，只有在进口人付清货款后才能把商业单据交给进口人。

按付款时间的不同，付款交单又可分为即期付款交单和远期付款交单两种。

a. 即期付款交单（D/P at Sight），是指出口人发货后开具即期汇票连同货运单据，通过银行向进口人提示，进口人见票后立即付款，进口人在付清货款后向银行领取商业单据。

b. 远期付款交单（D/P after Sight），是指出口人发货后开具远期汇票连同商业单据，通过银行向进口人提示，进口人审核无误后即在汇票上进行承兑，于汇票到期日付清货款后再领取货运单据。

不论是即期付款交单还是远期付款交单，进口商都必须在付清货款以后才能取得单据，提取或转售货物。

在远期付款交单条件下，如果付款日期和实际到货日期基本一致，仍不失为对买方的一种资金融通，进口人可以不必在到货之前提前付款。但如果付款日期晚于到货日期，买方为了抓住有利行市，不失时机地转售货物，可以采取两种做法：一种做法是在付款到期日之前提前付款赎单，扣除提前付款日至原付款到期日之间的利息，作为买方享受的一种提前付款的现金折扣；另一种做法是欧美国家银行的通常业务，即代收行对于资信较好的进口人，允许进口人凭信托收据借取货运单据，先行提货，于到期时再付清货款。

所谓信托收据，就是进口人借单时提供的一种书面信用担保文件，用来表示愿意以代收行的受托人身份代为提货、报关、存仓、保险、出售并承认货物所有权仍属银行。货物售出后所得的货款，应于汇票到期时交银行。这是代收行自己向进口人提供的信用便利，而与出口人无关。因此，如代收行借出单据后，汇票到期不能收到货款，则代收行应对委托人负全部责任。但如系出口人指示代收行借单，就由出口人主动授权银行凭信托收据借单给进口人，即所谓远期付款交单凭信托收据借单，那么进口人在承兑汇票后可以凭信托收据先行借单提货。日后如果进口人在汇票到期时拒付，则与银行无关，应由出口人自己承担风险。这种做法的性质与承兑交单相似，因此，使用时必须从严掌握。

② 承兑交单（Documents against Acceptance，D/A）。

承兑交单是指出口人的交单以进口人在汇票上承兑为条件。即出口人在装运货物后开具远期汇票连同商业单据，通过银行向进口人提示，进口人承兑汇票后，代收行即将货运单据交给进口人，进口人在汇票到期时方履行付款义务。

承兑交单方式只适用于远期汇票的托收。由于承兑交单是进口人只要在汇票上承兑之后即可取得货运单据，凭此提取货物，也就是说，出口人已交出了物权凭证，其收款的保障主要依赖进口人的信用，一旦进口人到期不付款，出口人便会遭到货物与货款全部落空的损失。所以，出口人对接受这种方式，一般采用很慎重的态度。

思考与问答

青岛某出口公司向韩国出口一批货，付款方式为 D/P 90 天，汇票及货运单据通过托收银行寄到国外代收行后进行了承兑。当货运到目的地后，恰巧当时该产品市场价格上涨，进口人为了抓住有利时机，便出具信托收据向银行借取单据，先行提货，但货售出后买方倒闭。请问：在此情况下，我方在汇票到期时能否收回货款？

（2）托收的程序

在国际贸易结算中，大多采用跟单托收方式。其基本做法是：出口方先行发货，然后备妥包括运输单据在内的有关商业单据，并开立汇票，将全套单据交予出口地银行，委托其通过进口地的分行或代理行收取货款，凭进口方的付款或承兑向进口方交付全套单据。跟单托收业务流程如图 4–1 所示。

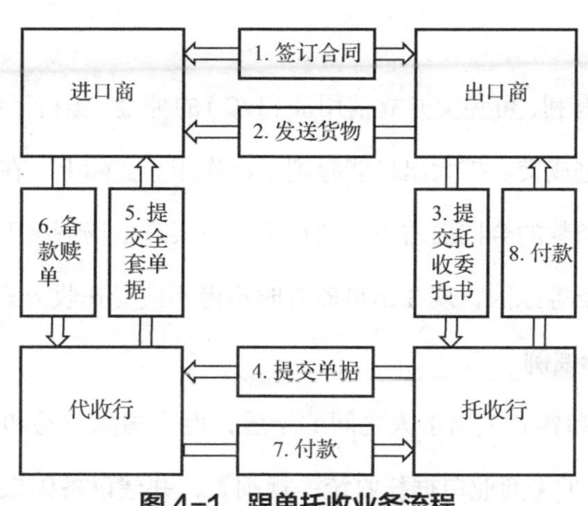

图 4–1 跟单托收业务流程

① 买卖双方签订外贸合同，并规定付款方式。

② 出口商根据合同内容给进口商发送货物。

③ 出口商（委托人）根据贸易合同的规定，在货物装船并取得货运单据后，主动开具汇票，连同发票等商业单据，填写托收申请书一并送交银行（托收行），委托代收货款，并在托收申请书中注明交单条件。

④ 托收银行根据出口商所填写的申请书中规定的条件，通过其国外代理行或往来行（代收行）发出托收通知书，连同汇票及商业单据寄交代收行，要求其按照通知

书的指示向进口商收取货款。

⑤ 代收行收到单据后，如为即期付款交单，应及时通知进口商（付款人）付款赎单；如为远期付款交单，则先通知进口商办好承兑手续，待汇票到期时再通知付款赎单。

⑥ 进口商根据代收行的通知备款赎单。

⑦ 代收行收到货款后，即将货款拨付托收行。

⑧ 托收行应将收到的货款拨交出口商。

4. 托收的特点

托收的一个很重要特点，就是完全凭进口商的信用。如进口商到时拒绝付款或拒绝承兑，与托收银行无关，托收各有关银行都不承担任何责任。如果是承兑交单，进口商到时不付款，出口商便会遭到钱、货两空的损失，因此，托收对出口商来讲，风险比较大。

托收对进口商有利，可免交开立信用证（L/C）的押金，银行手续费也较低。因此，这种支付方式对促进成交、扩大出口能起到一定作用。实际上，在我国出口贸易中，采用托收方式支付条款的合同已占很大的比重。在买方市场情况下，为了促销商品、争夺客户和争夺市场等原因，现在出口商有时不得不接受托收方式。

5. 托收的国际惯例

国际商会为调和各有关当事人之间的矛盾，促进国际贸易和金融活动的开展，早在 1958 年就草拟了《商业单据托收统一规则》，并建议各国银行采用该规则。后几经修订，于 1995 年公布了新的《托收统一规则》，简称《URC 522》，并于 1996 年 1 月 1 日生效。

4.1.3 信用证

1. 信用证的含义、特点和作用

（1）信用证的含义

信用证（Letter of Credit，L/C）是指银行根据进口商的申请而开给出口商，用来保证在出口商按所规定的条款提供各种单据后，银行以其自己的信用履行付款的一种书面凭证或书面文件。简言之，L/C 是一种银行开给出口商有条件地承诺付款的书面文件。

信用证是开证银行对受益人的一种保证，只要受益人完成信用证所规定的要求，即受益人只要提交符合信用证所规定的各种单据，开证行就保证付款。因此，在信用证支付方式下，开证行成为首先付款人，属于银行信用。

（2）信用证的特点和作用

① 信用证的主要特点。

a. 信用证是一种银行信用。

信用证是由开证银行以自己的信用做出的付款保证。在信用证付款条件下，开证行处于第一付款人的地位。国际商会制定的《跟单信用证统一惯例（2007 年修订本）》（简称为《UCP 600》）第 2 条有明确规定，信用证是开证行的付款承诺，开证行是首先付款人。在信用证业务中，开证行对受益人的付款责任是一种独立的责任，即使进口商事后失去偿付能力，只要出口商提交的单据符合信用证条款规定，开证行就要承担付款责任。

b. 信用证是一种自足的文件。

信用证的开立是以买卖合同作为依据的，但信用证一经开出，就成为独立于买卖合同以外的另一种契约，不受买卖合同的约束。《UCP 600》第 4 条规定指出，信用证与可能作为其依据的销售合同或其他合同是相互独立的交易。即使信用证中提及或援引该合同，银行也与该合同无关，且不受其约束。所以信用证是独立于有关合同以外的契约，开证行和参与信用证业务的其他银行只按信用证的规定办事，而不受买卖合同的约束。

c. 信用证是一种单据的买卖。

信用证业务所处理的是单据而非货物。在信用证方式下，实行的是凭单付款的原则，也就是说，银行只凭正确的单据付款，并不过问实际货物如何。银行只根据表面上符合信用证条款的单据付款、承兑或收付，但要求十分严格。

概括起来，信用证结算方式的主要特点就是“两个只凭，一个原则”。“两个只凭”即只凭信用证条款办事，不受有关合同的约束；只凭单据办事，不问有关货物的真实情况。“一个原则”就是严格符合的原则，即单据必须与信用证规定一致。不仅要求“单证一致”，而且还应注意各种单据之间的一致，即“单单一致”。

思考与问答

有一份信用证规定：“数量为6000吨，1—6月份分批装运，每月装运1000吨。”该信用证的受益人在1—3月份，每月装运1000吨，银行已分批凭单付款。第四批货物原定4月25日装运出口，但由于台风登陆，第四批货物延迟至5月2日才装船运出。当受益人凭5月2日的装船提单向银行议付时，遭银行拒付。后来受益人又以“不可抗力”为理由要求银行付款，也遭银行拒绝。试问在上述情况下，银行有无拒付的权利？为什么？

② 信用证的主要作用

a. 对出口商的作用：保证出口商凭单取得货款；使出口商得到外汇保证；可以取得资金融通。

b. 对进口商的作用：可保证取得代表货物的单据；保证按时、按质、按量收到货物；提供资金融通。

2. 信用证方式的主要当事人

信用证涉及的当事人比较多，主要有以下几类。

① 开证人（Applicant）

开证人又称开证申请人，是指向银行申请开立信用证的人，一般是进口商。要在规定的时间内开证，交开证押金并及时付款赎单。

② 开证行（Opening Bank or Issuing Bank）。

开证行是指接受开证申请人的委托开立信用证的银行，一般是进口地银行。进口商在申请开证时，开证行有权收取开证手续费，并正确及时开证。开证行承担第一性付款责任，一般无追索权。

③ 通知行（Advising Bank or Notifying Bank）。

通知行是指接受开证行的委托，将信用证转交或将信用证内容通知受益人的银行，一般是出口人所在地的银行。通知行无须承担付款承诺的责任，但应合理审慎地核对信用证的印鉴或电开信用证的密押，以证明所通知信用证的表面真实性。通知行通常是开证行的代理行（Correspondent Bank）。

④ 受益人（Beneficiary）。

受益人是指信用证上所指定的有权使用该证的人，即出口商或实际供货人。受益人有按时交货、提交符合信用证要求的单据、索取货款的权利和义务，又有对其后的持票人保证汇票被承兑和付款的责任。

⑤ 付款行（Paying Bank or Drawee Bank）。

付款行是指信用证上指定的付款银行。付款行一般是开证行，也可以是开证行所指定的另一家银行。它代开证行验收单据，一旦验单付款，付款行无权向受益人追索。

⑥ 偿付行（Reimbursing Bank）。

偿付行是信用证中所指定的代开证行偿付议付票款的银行。偿付行通常是开证行的存款银行或开证行的分行、支行。它与付款行的区别是：付款行是信用证上所指定的受票银行，因此在付汇之前必须审单；而偿付行是代开证行对议付行或付款行进行账务清算的银行，因此在进行偿付前不进行审单。另外，在一笔跟单 L/C 业务中并非都有偿付行，但任何一笔 L/C 业务都必须有付款行。

⑦ 议付行（Negotiating Bank）。

议付行是指愿意买入或贴现受益人跟单汇票的银行。议付行可以是指定的，也可以是非指定的，不论开证行因何种原因不付款，议付行都可以向受益人追索垫款。

⑧ 保兑行（Confirming Bank）。

保兑行是指对另一家银行开出的信用证加以保证兑付的银行。在业务中保兑行通常是通知行。信用证保兑后，就有两家银行对受益人负责。

3. 信用证业务的一般程序

信用证支付的一般程序比较复杂，从涉及的当事人最多可达 8 个就可以看出其复杂性。从进口人向银行申请开出信用证，一直到开证行付款后又向进口人收回垫款，要经过多个环节，并需办理各种手续。下面我们以出口跟单信用证一般业务流程来作说明。跟单信用证业务流程图如图 4–2 所示。

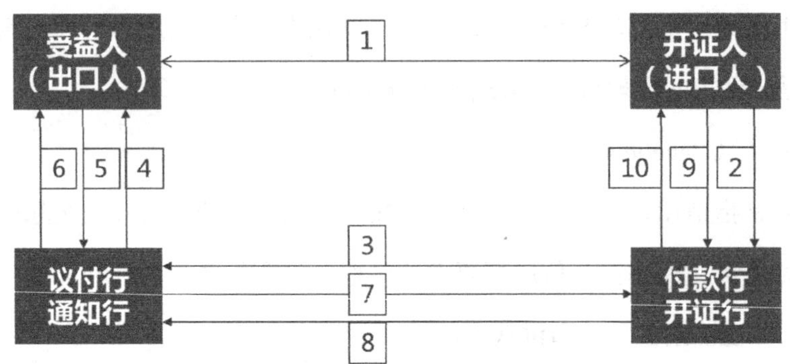

图 4-2 跟单信用证业务流程图

① 买卖双方在贸易合同中规定使用跟单信用证支付。

② 进口人通知当地银行（开证行）开立以出口人为受益人的信用证。

③ 开证行请求另一银行通知或保兑信用证。

④ 通知行通知受益人，信用证已开立。

⑤ 出口人收到信用证，并确保其能履行信用证规定的条件后，即装运货物。

⑥ 出口人将单据向指定银行提交。该银行可能是开证行，或是信用证内指定的付款、承兑或议付银行。

⑦ 议付行按照信用证审核单据。如单据符合信用证规定，银行将按信用证规定进行支付、承兑或议付。

⑧ 开证行审核单据无误后，以事先约定的形式，对已按照信用证付款、承兑或议付的银行偿付。

⑨ 开证行通知开证人付款赎单，进口人接到通知后，在规定期限内到开证行付款赎单。

⑩ 开证行收到货款后，将信用证所附单据交给开证人。

4. 信用证的主要内容

目前，进出口业务中所使用的信用证无统一格式，但其内容基本上是相同的，主要有以下几方面。

（1）对信用证本身的说明

信用证上含有信用证关系人的名称、地址；信用证的种类、号码、金额及使用货币；信用证议付有效期和到期地点（有效期在何地终止）等。

（2）对货物的需求

应装运货物的内容包括品名、规格、牌号、数量、包装、单价和唛头等。有时还要注明买卖合同或订货单等。

（3）对运输的要求

对运输的要求，即运输条款，包括装运地、目的地（港）名称、装运期以及是否准许分批装运与转船等。

（4）对单据的要求

汇票随附单据条款，规定单据的份数和种类。随附单据通常有三类。

① 以发票为中心的货物单据，包括装箱单、重量单、产地证和商检证书等。

② 提单等运输单据。

③ 保险单据。

（5）特殊需求

特殊需求，即特别条款，是根据进口国政治、经济、贸易情况的变化，或每笔交易的具体需要，可能做出的一些不同规定。

（6）开证行保证条款

信用证内一般都表明开证行对按信用证规定所开立的汇票之出票人、背书人和汇票持有人保证履行付款。此外，还有按照《UCP 600》办理的文句等。

5. 信用证的种类

（1）跟单信用证与光票信用证

① 跟单信用证（Documentary Credit）。

跟单信用证是开证行凭跟单汇票或仅凭单据付款的信用证。

② 光票信用证（Clean Credit）。

光票信用证是开证行仅凭不附单据的汇票付款的信用证。

（2）不可撤销信用证和可撤销信用证

① 不可撤销信用证（Irrevocable Letter of Credit）。

不可撤销信用证是指信用证开出后，在有效期内未经受益人及有关当事人同意，开证行不得单方面修改和撤销。

② 可撤销信用证（Revocable Letter of Credit）。

可撤销信用证是指信用证开出后，不必征得受益人或有关当事人同意，开证行有权随时撤销的信用证。

（3）保兑信用证和不保兑信用证

① 保兑信用证（Confirmed Letter of Credit）。

保兑信用证是指开证行开出的信用证，由另一家银行保证对符合信用证条款规定的单据履行保兑义务。

② 不保兑信用证（Unconfirmed Letter of Credit）。

不保兑信用证是指开证行开出的信用证没有经另一家银行保兑。

（4）即期信用证和远期信用证

① 即期信用证（Sight Letter of Credit）。

即期信用证是指开证行或付款行收到符合信用证规定的跟单汇票后，立即付款的信用证。

② 远期信用证（Long Term Letter of Credit）。

远期信用证是指开证行或付款行收到符合规定的单据后，不立即付款，而是待信用证到期日时再付款的信用证。远期信用证可分为下列几种。

a. 承兑信用证（Acceptance Credit）：是以开证行作为远期汇票付款人的信用证。

b. 延期付款信用证（Deferred Payment Credit）：是指受益人不用开具汇票，开证行保证货物装船后或收单后若干天付款的信用证。

（5）可转让信用证和不可转让信用证

① 可转让信用证（Transferable Credit）。

可转让信用证是指信用证规定受益人（第一受益人）可以将使用信用证的权利转让给其他人（第二受益人）的信用证。信用证只能转让一次，但允许第二受益人将信用证重新转让给第一受益人。

② 不可转让信用证（Non-transferable Credit）。

不可转让信用证是指受益人不能将使用信用证的权利转让给他人，并未注明“可转让”的即为不可转让信用证。

（6）循环信用证（Revolving Credit）

循环信用证是指信用证金额被全部或部分使用后，其金额又恢复到原金额，可再次使用，直至达到规定的次数或规定的总金额用完为止的信用证。

① 按时间循环信用证，是指受益人在一定的时间内可多次支取信用证规定的金额。

② 按金额循环信用证，是指在信用证金额议付后，仍恢复到原金额可再使用，直至用完规定的总额为止。恢复原金额的具体做法有以下三种。

a. 自动循环。受益人交单议付一定金额后，信用证可自动恢复到原金额，再次按原金额使用。

b. 非自动循环。受益人每次装货议付后，须接到开证行通知后，才能恢复到原金额再次使用。

c. 半自动循环。受益人每次装货议付后，在若干天内开证行未提出中止循环的通知，信用证即自动恢复至原金额再次使用。

（7）对开信用证（Reciprocal Credit）

对开信用证是指两张信用证的开证申请人互以对方为受益人而开立的信用证。第一张信用证的受益人就是第二张信用证（回头证）的开证申请人。两证金额大致相等。

（8）对背信用证（Back to Back Credit）

对背信用证又称转开信用证，是指受益人要求原证的通知行或其他银行以原证为基础，另开一张内容相似的新信用证。

（9）预支信用证（Anticipatory Credit）

预支信用证是指开证行授权通知行，允许受益人在装运交单前预支货款的信用证。进口商通过银行开立给出口商的一种以出口贸易融资为目的的信用证。预支货款的条款常用红字，所以也称“红条款信用证”（Red Clause Letter of Credit）。

（10）议付信用证（Negotiation Letter of Credit）

议付信用证是指开证行允许受益人向某一银行或任何银行交单议付的信用证，包括公开议付和限制议付两种。

4.2 制定支付方式条款

4.2.1 电汇支付方式条款制定

合同中的汇付条款

（1）The buyers shall pay total value of the contracted goods by T/T to the sellers not later than June 10.(买方应当在6月10日前将全部货款用电汇方式汇至卖方。)

（2）The buyers shall pay half the sales proceeds by D/D not later than March 20, and the remaining part will be paid to the sellers within 10 days after receipt of the fax concerning original B/L.（买方应于3月20日前将一半货款票汇至卖方，其余货款收到正本提单后10日内付清。）

4.2.2 托收支付方式条款制定

在合同中的托收条款，要按托收的类型具体制定。

1. 即期付款交单

Upon first presentation the Buyers shall pay against documentary draft drawn by the Sellers at sight. The shipping documents are to be delivered against payment only.（买方应凭卖方开具的即期跟单汇票，于见票时立即付款，付款后交单。）

2. 远期付款交单

The Buyers shall duly accept the documentary draft drawn by the Sellers at ×× days sight upon first presentation and make payment on its maturity. The shipping documents are to be delivered against payment only.（买方对卖方开具的见票后××天付款的跟单汇票，于提示时应即予承兑，并应于汇票到期日即予付款，付款后交单。）

3. 承兑交单

The Buyers shall duly accept the documentary draft drawn by the Sellers at ×× days sight upon first presentation and make payment on its maturity. The shipping documents are to be delivered against acceptance.（买方对卖方开具的见票后 ×× 天付款的跟单汇票，于第一次提示时即予以承兑，并应于汇票到期日即付款，承兑后交单。）

4.2.3 信用证支付方式条款制定

信用证条款有各种不同的订法，现将出口合同中信用证支付条款的具体订法，择其常用者示例如下。

1. 即期信用证支付条款

（1）The Buyers shall open through a bank acceptable to the Sellers an Irrevocable Sight Letter of Credit to reach the Sellers ×× days before the month of shipment, valid for negotiation in China until the 15th day after the month of shipment.（买方应于装运月份前 ×× 天通过卖方可接受的银行开立并送达卖方不可撤销的即期信用证，有效期至装运月份后 15 天在中国议付。）

（2）The buyers shall issue through a bank a 100% confirmed irrevocable cable L/C for 100% invoice value available by sight draft, the L/C is to reach the sellers not later than May 20.（买方需于 5 月 20 日前通过银行开立 100%保兑的、不可撤销的即期信用证。）

2. 远期信用证支付条款

The Buyers shall arrange with ×× Bank for opening an Irrevocable (Transferable) bankers acceptance Letter of Credit in favor of the Sellers before…(or within…days after receipt of Sellers advice; or within…days after signing of this contract), The said Letter of Credit shall be available by draft (s) at sight (or after date of shipment) and remain valid for negotiation in China until the 15th day after the aforesaid time of shipment. [买方应于 ×× 年 × 月 × 日前（或接到卖方通知后 × 天内或签约后 × 天内）通过 ×× 银行开立以卖方为受益人的不可撤销（可转让）的见票后 ×× 天（或装船日后 ×× 天）付款的银行承兑信用证，信用证议付有效期延至上述装运期后 15 天在中国到期。]

3. 假远期信用证支付条款

The beneficiary's drafts drawing at 60 days after sight are to be paid in face amount as drawn at sight basis as discounting charges, accountance commissions and usance interest are for account of the accountee.(受益人开立的60天远期汇票按即期议付，将付票面金额，至于所扣费用、佣金和远期利息由付款人承担。)

4. 循环信用证支付条款

The Buyers shall open through a bank acceptable to the Sellers an Irrevocable Revolving Letter of Credit at sight to reach the Sellers ×× days before the month of first shipment. The Credit Shall be automatically available during the period of 20×× for ×× (value) per month, and remain valid for negotiation in Beijing until Jan.15, 20××. [循环信用证支付条款："买方应于第一批装运月份前通过卖方可接受的银行开立并送达卖方不可撤销即期循环信用证，该证在20××年期间，每月自动可供××（金额），并保持有效至20××年1月15日在北京议付。]

本章小结

本章主要介绍了国际贸易中常用的三种支付方式：电汇、托收及信用证。其中对托收和信用证支付的含义、内容、特点及基本流程等做了较为详细的阐述，读者应当熟知三种国际贸易支付方式的差异和优缺点。本章最后分别对三种国际贸易支付方式的合同条款制定进行举例说明，以帮助读者掌握其内容。

国际贸易物流及保险

随着世界经济一体化的不断加深，国际间的贸易活动变得越来越频繁，物流便是实现出口商的货物向进口商转移的主要方式，选择可靠、便利、实惠的货运方式已成为国际贸易的一个核心环节。无论是选择海运、空运、陆运，抑或国际多式联运，为了规避进出口货物在运输过程中受到的各种风险损失，都应该提前购买与之相匹配的国际贸易保险，最大程度地保障贸易双方的利益。

知识目标

1. 了解国际贸易物流的运输方式。

2. 了解海洋运输的含义和特色。

3. 了解航空运输的主要方式和优越性。

4. 了解陆地运输的四种运输方式。

5. 了解国际多式联运的含义和基本构成条件。

6. 了解国际贸易保险的作用和基本要素。

7. 了解陆运、海运和邮包所涉及的风险和保险险别。

能力目标

1. 能够根据货物的种类和运输目的地等情况，选择最合适的货物运输方式。

2. 掌握班轮运费的计费方法。

3. 能够为国际贸易的货物运输选择合适的保险险种。

4. 能够判定某种意外事故是否属于保险的除外责任。

5.1 国际贸易物流

国际贸易是一个国家(地区)与另一个国家(地区)之间的商品和劳务的交换活动。物流则是指为了满足客户的需要，以最低的成本，通过运输、保管、配送等方式，实现原材料、半成品、成品及相关信息由商品的产地到商品的消费地所进行的计划、实施和管理的全过程。

国际贸易物流的运输方式有海洋运输、航空运输、陆地运输及国际多式联运。

5.1.1 海洋运输

在国际贸易货物运输中，应用最广泛的是海洋运输。到目前为止，海运贸易量在国际货物运输总量中大约占80%以上。海洋运输之所以被广泛采用，是因为它与其他国际货物运输方式相比，具有更明显的优势。

1. 海洋运输的含义及特点

（1）海洋运输的含义

海洋运输（Ocean Transport）简称海运，是指利用船舶在国内和国外港口之间通过特定的航线和航班运送货物的一种运输方式。海上货物运输是最主要的运输方式，这不仅是因为海上运输的运输量大，国际贸易货物总量的 2/3 以上是通过海运方式完成的，海上航线纵横交错，将世界各国连接了起来；而且从历史上看，国际贸易主要是从航海贸易发展起来的，许多有关国际贸易的现行法律和惯例也是在总结航海贸易长期实践经验的基础上形成的。

（2）海洋运输的优点

① 海洋运输的通过能力较强。

② 海洋运输的运载量大。

③ 海洋运输的运费较低。

④ 海洋运输对运输货物的适应性强。

2. 海洋运输的经营方式

（1）班轮运输

班轮运输又称定期船运输，是指班轮公司将船舶按事先制定的船期表，在固定航线和港口之间，按既定操作规则为非特定的广大货主提供规范的往返货物运输服务，并依照运价表或协议运价来计收运费的一种营运方式。

① 班轮运输的特点。

a.“四固定”：固定的船期、固定的航线、固定的港口和相对固定的运费率。

b. 船方负责货物的装卸，不计滞期和速遣费。

c. 船、货双方的权利、义务与责任豁免，以船方签发的提单条款为准。

d. 承运货物的品种数量灵活，货运质量有保证。

② 班轮运输的优点。

a. 货运质量有保证。

b.“四固定”的特点，按固定的船期表，沿固定的航线和港口往返运输，并依据相对固定的运费率收费。

c. 承运货物的品种数量灵活，适用于零星成交、批次较多、到港分散的货物运输。

d. 方便货主。班轮公司负责货物的装卸、中途转运，而且定期公布船期表。

③ 班轮运费。

班轮运费 = 基本运费 + 附加运费

a. 基本运费：一般根据等级费率运价表计算。

等级费率运价表是由货物分级表和航线等级费率表构成。货物分级表将各种货物按一定方式分为 1 ~ 20 级，并表明计费方法，航线费率表规定不同航线上 1 ~ 20 级货物的单位费率。

b. 附加费：燃油附加费、港口附加费、转船附加费、绕航附加费、超长超重附加费、货币贬值附加费、变更卸货港附加费、直航附加费、选港附加费等。

c. 计费单位：

运费吨（Freight Ton）：班轮运费的计算单位，1 运费吨等于 1 尺码吨或 1 重量吨。

重量吨或尺码吨（Weight Ton/ Measurement Ton）

国际单位"公制"： 1 重量吨 =1 吨　1 尺码吨 =1 立方米

英制：1 运费吨 =1.016 吨 =1.133 立方米

美制：1 运费吨 =0.9072 吨 =1.133 立方米

d. 计费标准：

按货物毛重计收，即以重量吨（Weight Ton）计收，在运价表中以"W"表示。

按货物体积计收，即以尺码吨（Measurement Ton）计收，在运价表中以"M"表示。

注：按重量吨和尺码吨计收运费的单位统称运费吨。

按货物的价格计收，又称从价运费，在运价表中以"AV"或"Ad Val"表示。一般按货物 FOB 总值的一定百分比收取运费。

按收费高者计收，选择较高的一种作为计算运费的标准。例如，在运价表上注有"W/M or AV"的，指在重量吨、尺码吨或从价运费三种；注有"W/M"的，表示在重量吨或尺码吨两种标准中，选择高的收费；此外，还有使用"W/M plus AV"的，是指先按重量吨或尺码吨从高计收后，另加收一定百分比的从价运费。

按货物的件数计收，如车辆按"每辆"（Per Unit），活牲畜按"每头"（Per Head）等。

临时议定价格。由船、货双方临时议定，在运价表中，注有"Open"字样。临时议定运价的办法，适用于运量较大、货价较低和装卸方便而快速的货物。诸如粮食、矿石等货物的运输。临时议定的运费一般比较低。

e. 最低运费：在公制单位条件下，对于即不够 1 公吨又不足 1 立方米的小量货物，船公司规定的最低收费标准。(等级货物费率表中一级货物的单位费率)

f. 计算运费的方法：

① 了解商品的品名、性质、包装、重量、尺码和装卸港，以便知道是否有附加费。

② 从货物等级表中查出该货的等级和计算标准。

③ 从航线费率表中查出货物的基本运费。

④ 如果有，查看各种附加费的计算方法。

表 5-1 货物分级表

货 名	计算标准	等 级
水果汁罐头	M	8
茶叶	W/M	8
棉布及棉织品	M	10
小五金及工具	W/M	10
柴油机	W/M	10
玩具	M	20

例题 1：某货轮从上海装运 10 公吨，共 11 立方米蛋制品去英国普利茅斯港，要求直航，求全程运费。（12 级，W/M 基本运费率 116 美元 / 运费吨，直航附加费每吨 18 美元，燃油附加费 10%）

解：基本运费：116×11=1276（美元）

直航附加费：18×11=198（美元）

燃油附加费：1276×10% =127.6（美元）

总运费：1276+198+127.6=1601.6（美元）

例题 2：出口箱装货物共 100 箱，报价为每箱 4000 美元 FOB 上海，基本运费率为每运费吨 26 美元或 1.5%，以 W/M or Ad Val 选择法计算，每箱体积为 1.4m×1.3m×1.1m，毛重为每箱 2 公吨，并加收燃油附加费 10%，货币贬值附加费 20%，转船附加费 40%，求总运费。

解：1.4m×1.3m×1.1m=2.002（立方米）

2.002×26=52.052（美元）

4000×1.5%=60（美元）

60×（1+0.1+0.2+0.4）=102（美元）

102×100=10200（美元）

（2）租船运输

租船运输（Charter Transport）又称不定期（Tramp）船运输，是指租船人向船东租赁船舶用于运输货物的业务。

① 租船运输的特点。

a. 无固定的航线、港口、船期，一切由双方协商确定——灵活。

b. 运价不固定，由市场供求决定，一般低于班轮运费——实惠。

c. 租方与船方之间的权利义务以双方签订的租船合同为准。

d. 适合于运送大宗、低值货物。

② 租船运输的方式。

在国际海运业务中，租船方式分为定程租船、定期租船、光船租船和航次期租四种方式。

a. 定程租船 (Voyage Charter)

定程租船又称程租船或航次租船，是指船舶按照航程租赁，船方按照租船合同规定的条件（船名、受载日期、装卸时间等）按时到装货港口装货，运往卸货港，完成整个航程的运输。定程租船又分单程、来回航次和连续航次租船等。

b. 定期租船（Time Charter）

定期租船又称期租船，即租船人在规定的期限内取得船舶使用权，并负责安排调度和经营管理，船方负责船员的工资、给养和船舶航行与维修。租期几个月到若干年不等。此种方式通常是一些承运人在自己运力不足的情况下进行的。

c. 光船租船（Bare–boat Charter）

光船租船又称船壳租船，是指船舶所有人将船舶出租给承租人使用一个时期，但船舶所有人所提供的船舶是一艘空船。承租人自己要任命船长、船员，负责船员的给养和船舶营运管理所需的一切费用。

d. 航次期租（Time Charter on Trip Basis，TCT）

这是以完成一个航次运输为目的，按完成航次所花的时间，按约定的租金率计算租金的方式。

5.1.2 航空运输

航空运输（Air Transport）与其他运输方式相比，具有无法比拟的优越性，主要是运送速度快、运输安全准确、可简化包装、节省包装费用。适用于小件货物、鲜活商品、季节性商品和贵重商品。

航空运输方式主要有班机运输（Scheduled Airline）、包机运输（Chartered Carrier transport）、集中托运（Consolidation）和航空快递业务（Air Express Service）。

5.1.3 陆地运输

国际陆运物流方式主要包括铁路运输、公路运输、邮包运输和联合运输。

1. 铁路运输

铁路运输是指利用铁路进行货物运输的一种运输方式。与其他运输方式相比较，铁路运输具有准确性和连续性强的优点，铁路运输几乎不受气候影响，而且运输量比较大。一列货物列车一般能运送 3000—5000 吨货物，运输成本也相对较低。国际铁路运输是国际货物运输中仅次于海洋运输的主要运输方式。

铁路运输的运营方式分为以下两种。

① 国内铁路货物运输。

国内铁路货物运输是指在本国范围内按《国内铁路货物运输规程》的规定办理的货物运输。我国出口货物运到港口装船和进口货物卸船后经铁路运往各地，均属国内铁路运输的范畴。从我国内地经由铁路运输供应港澳地区的货物，也属国内铁路运输。

② 国际铁路货物联运。

凡是使用一份统一的国际联运票据，由铁路负责经过两国或两国以上铁路的全程运送，并且由一国铁路向另一国铁路移交货物时不需发货人和收货人参加，这种运输方式称为国际铁路货物联运。

2. 公路运输

公路运输是指以公路为运输线，利用汽车等陆路运输工具，做跨地区或跨国的移动，以完成货物位移的运输方式。它是对外贸易运输和国内货物流通的主要方式之一，既是独立的运输体系，也是车站、港口和机场物资集散的重要手段。

（1）按照货物运营方式的不同，可分为整车运输、零担运输、集装箱运输、联合运输和包车运输

① 整车运输是指托运人一次托运的货物在3吨（含3吨）以上或虽不足3吨，但其性质、体积、形状需要一辆3吨以上公路货物运输的形式。

② 零担运输是指托运人托运的一批货物不足整车的货物运输。

③ 集装箱运输是将适箱货物集中装入标准化集装箱，采用现代化手段进行的货物运输。在我国又把集装箱运输分为国内集装箱运输及国际集装箱运输。

④ 联合运输是指一批托运的货物需要两种或两种以上运输工具的运输。目前我国联合运输有公铁（路）联运、公水（路）联运、公公联运、公铁水联运等。联合运输实行一次托运、一次收费、一票到底、全程负责。

⑤ 包车运输是指根据托运人的要求，经双方协议，把车辆包给托运人安排使用，按时间或里程计算运费的运输。

（2）按照托运的货物是否办理保险分类

它可分为不保险运输、保险运输。运输的货物保险与否均采取托运人自愿的办法，凡办理保险的，必须按规定缴纳保险金或保价费。保险运输须由托运人向保险公司投保或委托承运人代办。

（3）按货物种类分类

根据货物种类分为普通货物运输和特种货物运输。

普通货物运输是指对普通货物的运输，普通货物可分为一等、二等、三等几个等级。特种货物运输是指对特种货物的运输，特种货物包括超限货物、危险货物、贵重货物和鲜活货物。

（4）按运送速度分类

按运送速度分为一般货物运输、快件货物运输和特快专运。

一般货物运输即普通速度运输或称慢运。快件货物运输，它要求货物位移的各个环节上要体现一个“快”字，运输部门要在最短的时间内将货物安全、及时、完好无损地送达目的地。快件零担货运是指从货物受理的当天 15:00 时起算，300km 运距内，24 小时以内运达；1000km 运距内，48 小时以内运达；2000km 运距内，72 小时以内运达。

3. 邮政运输

邮政运输（Post Transport）是利用邮政部门来办理货物运输的方式，其手续简便，费用也不太高，但是运量有限，故只适用于运输量轻和体积小的商品。如药品、样品、配件和资料等。各国邮政部门之间订有协定和公约，各国的邮件包裹可以互相传递，形成一个国际性的邮政运输网。

目前快递业务主要有国际特快专递（International Express Mail Service，EMS）和信使专递（DHL Courier Service）两种方式。

4. 联合运输

联合运输（Combined Transport）是指使用两种或两种以上的运输方式，完成一项进出口货物运输任务的综合运输方式。

（1）集装箱运输

集装箱运输（Container Transport）是指将一定数量的单件货物装入集装箱内，以集装箱作为一个运达单位所进行的运输。

① 集装箱的主要规格及其外部标志。

国际标准化组织制定的集装箱标准规格共有 13 种，最常见的有 20 英尺和 40 英尺两种。

20 英尺集装箱，也称 20 英尺货柜。它是国际上计算集装箱的标准单位，英文称为 Twenty Foot Equivalent Unit，简称“TEU”。规格为 8 英尺 ×8 英尺 ×20 英尺，内径尺寸：5.9 米 ×2.35 米 ×2.38 米，最大毛重为 20 吨，最大容积为 31 立方米，一般可装 17.5 吨或 25 立方米。

40 英尺集装箱，规格为 8 英尺 ×8 英尺 ×40 英尺，内径尺寸：12.03 米 ×2.35 米 × 2.38 米，最大毛重为 30 吨，最大容积为 67 立方米，一般可装 25 吨或 55 立方米。

集装箱在装箱时应特别注意掌握各种规格货柜的内径尺寸，以便更合理地设计单位包装体积，使其尽量不空箱。同时注意，两个 20 英尺货柜不等于一个 40 英尺货柜，重货宜装 20 英尺货柜，轻货宜装 40 英尺货柜。

集装箱外部标志主要有箱主的名称、箱子的尺寸、箱子的编号和检验合格标记等。

② 集装箱运输的场站机构。

由于集装箱运输涉及运输、装箱（拆箱）和转运等环节，因此产生了相应的服务机构，大体有两类。

a. 集装箱堆场，是专门用来保管和堆放集装箱的场所，是整箱货办理交接的地方，一般设在港口的装卸区内。

b. 集装箱货运站，集装箱货运站又叫中转站或拼装货站，是拼箱货（LCL）办理交接的地方，一般设在港口、车站附近，或内陆城市交通方便的场所。

③ 装箱和交接方式。

a. 装箱方式

● 整箱货（Full Container Load，FCL）：在海关的监督下，货方负责装拆箱的货物（可在货主仓库或集装箱货场交货）。

● 拼箱货（Less than Container Load，LCL）：由承运人负责装拆箱的任何数量的货物（在集装箱货运站交货）。

b. 交接方式（四种九类）

● FCL—FCL（整箱交，整箱收），适用于 CY—CY，Door—Door，CY—Door，Door—CY。

● FCL—LCL（整箱交，拆箱收），适用于 CY—CFS，Door—CFS。

● LCL—FCL（拼箱交，整箱收），适用于 CFS—CY，CFS—Door。

● LCL—LCL（拼箱交，拆箱收），适用于 CFS—CFS（很少使用）。

其中 CY—Door，Door—Door，CFS—Door 目的港至收货人仓库这段路运费很难掌握，故一般不接受。

（2）大陆桥运输

大陆桥运输（Land Bridge Transport），是指以大陆上铁路或公路运输系统作为中间桥梁，把大陆两端的海洋连接起来的运输方式，从形式上看，是海—陆—海的连贯运输，一般以集装箱为媒介。目前世界上主要有三条陆桥：西伯利亚大陆桥、新亚欧大陆桥和北美大陆桥。其中利用率最高的是西伯利亚大陆桥。

西伯利亚大陆桥运输是以国际标准规格的集装箱为容器，以多种运输工具进行运送，利用俄罗斯西伯利亚铁路作为桥梁，把亚欧大陆连接起来的运输方式。用这种方式运输，不论经过几个国家，变换几种运输工具，都由总承运人安排，并负责全程的运输责任。西伯利亚大陆桥运输主要由原苏联过境公司经营。

为了适应我国对外贸易的需要，中国对外贸易运输公司也利用西伯利亚大陆桥运输。我国对外贸易货物由满洲里过境，通过西伯利亚铁路运至欧洲各国或伊朗等地；也可以经二连浩特出口，通过蒙古、俄罗斯运至欧洲和伊朗；还可以经满洲里出口，利用俄罗斯铁路运到俄罗斯西部港口，再装船运至欧洲各地。我们应该充分利用西伯利亚大陆桥运输条件为我国出口货物运输服务。

5.1.4 国际多式联运

国际多式联运（International Multimodal Transport），是指按照多式联运合同，以至少两种不同的运输方式，由多式联运经营人将货物从一国境内接管货物的地点运至另一境内指定交付货物的地点的一种运输方式。构成国际多式联合运输的基本条件有 5 项。

① 必须使用包括全程的运输单据，如联合运输单据（Combined Transport Documents）。

② 必须是国际间两种或两种以上不同运输方式的连贯运输。

③ 必须是国际间的货物运输。

④ 必须是多式联运经营人负有全程运输责任。

⑤ 必须实行全程单一的运输费率（Single Factor Rate）。

国际多式联运极少由一个经营人承担全部运输。往往是接受货主的委托后，联运经营人自己办理一部分运输工作，将其余各段的运输工作再委托给其他的承运人。但这又不同于单一的运输方式，这些接受多式联运经营人负责转托的承运人，只是依照运输合同关系对联运经营人负责，与货主不发生任何业务关系。因此，多式联运经营人可以是实际承运人，也可是“无船承运人”（Non-Vessel Operating Carrier，NVOC）。

5.2 国际贸易保险

5.2.1 货物运输保险的内涵、作用与基本要素

1. 货物运输保险的内涵和作用

货物运输保险就是投保人对某一特定的运输货物，按一定的险别和规定的费率，向保险公司办理投保手续，并缴纳保险费，保险公司依约承保并发给投保人保险单作为凭证，保险公司对所承保的风险损失承担赔偿责任。

货物运输保险的作用是指货物在水路、铁路、公路和联合运输过程中，因遭受保险责任范围内的自然灾害或意外事故所造成的损失能够得到经济补偿，并加强货物运输的安全防损工作，以利于商品的生产和流通。货物运输保险的具体作用体现在以下几个方面。

① 转移风险。

买保险就是把自己的风险转移出去，而接受风险的机构就是保险公司，它为众多有风险顾虑的人提供保险保障。

② 均摊损失。

转移风险并非指灾害事故真正离开了投保人，而是保险人借助众人的财力，给遭灾受损的投保人补偿经济损失。自然灾害、意外事故造成的经济损失一般都是巨大的，是受灾个人难以应付与承受的。保险人以收取保险费用和支付赔款的形式，将少数人的巨额损失分散给众多的保险人，从而使个人难以承受的损失，变成多数人可以承担的损失，这实际上是把损失均摊给有相同风险的投保人。

③ 实施补偿。

实施补偿要以双方当事人签订的合同为依据，其补偿的范围主要有：第一，投保人因灾害事故所遭受的财产损失；第二，投保人因灾害事故依法对他人应支付的经济赔偿；第三，灾害事故发生后，投保人因施救保险标的所发生的一切费用。

2. 货物运输保险的基本要素

（1）被保险人

被保险人是指根据保险合同，其财产利益或人身受保险合同保障，在保险事故发生后，享有保险金请求权的人。投保人往往同时就是被保险人。

（2）保险人

保险人又称“承保人”，是指与投保人订立保险合同，并承担赔偿或者给付保险金责任的保险公司。

（3）保险标的

保险标的是作为保险对象的财产及其有关利益或人的生命和身体，它是保险利益的载体。

（4）保险合同

保险合同是投保人与保险人约定保险权利义务关系的协议。保险合同的当事人是投保人和保险人，保险合同的内容是保险双方的权利义务关系。

（5）承保险别

保险人对不同的险别承担不同的责任范围，投保人在投保时按照买卖双方约定投保的险别进行投保。

（6）保险金额

保险金额是保险人所应承担的最高赔偿金额。

（7）保险费

由投保人交付保险费用，它是保险合同生效的前提条件，保险费是保险人经营业务的基本收入。

（8）保险索赔

当货物遭受承保范围内的损失时，具有保险利益的人，在确定责任为保险公司的保险范围内时，在索赔时效内向保险公司提出赔偿，保险公司根据损失程度给予理赔。

5.2.2 海洋运输货物保险

在国际贸易中，由于各国地理位置的原因，以及海洋运输具有运费低廉、运量大等优点，货物运输大部分都是通过海洋运输方式来完成。货物在海上运输及在海陆交接过程中，可能遭遇各种风险和损失，各国保险公司并不是对所有风险都予以承保，也不是对一切损失都予以补偿。为了明确责任，各国保险公司将其承保的各类风险及对风险所造成的各种损失的赔偿责任，在其承保的各种基础险别中都加以明确规定。

在国际保险市场上，各国的保险垄断组织或保险公司根据各自的需要制定了保险条款，如美国条款、法国条款，北欧、德国和日本等国家也有各自的条款，其中影响较大并具有代表性的是伦敦保险协会所制定的“协会货物条款”（Institute Cargo Clauses，ICC）。中国人民保险公司也参照国际保险市场的一般习惯，并结合我国保险工作的实际情况制定了“中国人民保险公司保险条款”，也称为“中国保险条款”（China Insurance Clause，CIC）。

1. 海洋运输货物保险的风险与损失

（1）海上风险（Perils of the Sea）

① 自然灾害（Natural Calamity）：如恶劣气候、雷电、海啸、浪击落海、洪水、地震、火山爆发等自然现象引起的财产损失和人员伤亡的灾害。

② 意外事故（Accidents）：火灾、爆炸、搁浅、触礁、沉没、碰撞、倾覆、投弃、吊索损害等意外事故；海盗行为、船长船员的不法行为（ICC 条款）。

（2）外来风险（Extraneous Risks）

① 一般外来风险（General Extraneous Risks）：一般包括偷窃、短量、渗漏、串味、钩损、锈损、玷污、受潮、受热、破碎、雨淋和发霉 12 种。

② 特殊外来风险（Special Extraneous Risks）：如战争、罢工、交货不到、拒收等。

由海上风险所造成的损失，称为海损。按照损失程度不同，海损可分为全部损失和部分损失；按照损失的性质不同分为单独海损和共同海损。海上损失还包括费用上的损失，如施救费用和救助费用。

2. 中国海运货物保险险别

中国人民保险公司海洋运输货物条款关于险别及责任范围的规定，同伦敦保险协会的规定大体相同，分为基本险和附加险两类。基本险别可以单独投保，而附加险不能单独投保，只有在投保一种基本险的基础上才能投保附加险。

（1）基本险

中国人民保险公司所规定的基本险别包括平安险、水渍险和一切险三种。

① 平安险（Free from Particular Average，FPA.）。

平安险是我国历史上的习惯叫法，其英文原意是“不负单独海损责任”。也就是说，被保险标的所遭受的单独海损的损失，原则上不在保险人承保范围之内。但在长期实践的过程中对平安险的责任范围进行了补充和修订，当前平安险的责任范围已经超出只赔全损的限制。概括起来，平安险的责任范围包括了由自然灾害造成的单独海损以外的海上风险所造成的一切损失和费用。具体包括：

a. 被保险的货物在运输途中由于恶劣气候、雷电、海啸、地震、洪水等自然灾害造成整批货物的全部损失或推定全损。若被保险的货物用驳船运往或运离海轮时，则第一驳船所装的货物可视作一个整批。

b. 由于运输工具遭到搁浅、触礁、沉没、互撞、与流冰或其他物体碰撞及失火、爆炸等意外事故所造成的货物全部或部分损失。

c. 在运输工具已经发生搁浅、触礁、沉没、焚毁等意外事故的情况下，货物在此前后又在海上遭受恶劣气候、雷电、海啸等自然灾害所造成的部分损失。

d. 在装卸或转运时由于一件或数件甚至整批货物落海所造成的全部或部分损失。

e. 被保险人对遭受承保责任内的危险货物采取抢救、防止或减少货损的措施所支付的合理费用，但以不超过该批被毁货物的保险金额为限。

f. 运输工具遭遇海难后，在避难港由于卸货引起的损失，以及在中途港或避难港由于卸货、存仓和运送货物所产生的特殊费用。

g. 共同海损的牺牲、分摊和救助费用。

h. 运输契约中如订有“船舶互撞责任”条款，则根据该条款规定应由货方偿还船方的损失。

思考与问答

2016 年 4 月，我国某外贸公司按 CIF 术语向美国出口一批瓷器。该外贸公司在装运前向保险公司按发票总金额的 110% 投保了平安险，2016 年 6 月初货物顺利装船起航。载货船舶于 6 月 13 日在海上遭遇暴雨，致使一部分货物受到水渍，损失货值为 3000 美元。5 日后，该轮船又突然触礁，致使该批货物又遭到部分损失，价值达 9000 美元，试问：保险公司对该批货物的损失是否给予赔偿，为什么？

② 水渍险（With Average or With Particular Average，WA 或 WPA）。

水渍险又称“单独海损险”，英文原意为“单独海损负责赔偿”。水渍险的责任范围除包括“平安险”的各项责任外，还包括被保险货物由于恶劣气候、雷电、海啸、地震、洪水等自然灾害所造成的部分损失。

③ 一切险（All Risks）。

一切险的责任范围除包括“水渍险”的各项责任外，还包括被保险货物在海运途中由于一般外来风险造成的全部损失和部分损失，即一切险的责任范围包括“平安险”、“水渍险”和 11 种一般附加险。一切险条款的责任范围很广泛，但不包括“战争险”（War Risks）或“罢工险”（Risks of Strikes），需要时须另行加保。

（2）附加险

附加险是对基本险的补充和扩大，承保由外来风险所造成的损失。附加险包括一般附加险和特殊附加险，分别对应于一般外来风险和特殊外来风险。由于货物种类繁多，各有特点，所以投保附加险的险别各异，投保人可根据需要选择投保一种或若干种附加险。

① 一般附加险（General Additional Risk）。

a. 偷窃和提货不着险（Risk of Theft，Pilferage and Non-delivery，TPND）

b. 淡水雨淋险（Risk of Fresh Water and Rain Damage，FWRD）

c. 短量险（Shortage Risk）

d. 混杂、沾污险（Risks of Inter-Mixture & Contamination）

e. 渗漏险（Risk of Leakage）

f. 碰损破碎险（Risk of Clash & Breakage）

g. 串味险（Risk of Taint of Odour）

h. 受潮受热险（Risk of Sweat and Heating）

i. 钩损险（Risk of Hook Damage）

j. 包装破裂险（Breakage of Packing Risk）

k. 锈损险（Rust Risk）

以上 11 种一般附加险别属于“一切险”责任范围。如果已投保了一切险，另加保或不加保上述一般附加险都不改变一切险的责任范围，且即使再加保一般附加险也不另收保险费。但一般附加险必须在主要险别基础上加保，不能离开主要险别而单独投保。

② 特殊附加险（Special Additional Risk）。

特殊附加险主要包括海上货物运输战争险（War Risk)、海上货物运输罢工险（Strikes Risk）、进口关税险（Import Duty Risk)、舱面险（On Deck Risk)、黄曲霉素险（Aflatoxin Risk）、拒收险（Rejection Risk）、交货不到险（Failure to Deliver Risk)、出口货物到香港地区（包括九龙在内）或澳门地区存仓火险责任扩展条款（Fire Risk Extension Clause For Storage of Cargo at Destination Hong Kong，Including Kowloon，or Macao，FREC）等八种。

（3）承保责任的起讫期限

① 仓至仓条款。

根据中国人民保险公司保险条款的规定，以上三种基本险的责任起讫采用了国际保险业中惯用的“仓至仓条款”（Warehouse to Warehouse Clause，W/W），保险责任自被保险货物运离保险单所载明的起运港（地）仓库或储存处开始，包括正常运输过程中的海上、陆地、内河和驳船运输在内，直到该货物抵达保险单所载明的目的港（地），收货人的最后仓库或被保险人用作分配、分派或非正常运输的其他储存处所为止。如未抵达上述仓库或储存处所，则以被保险货物在最后卸载港全部卸离海轮后满 60 天为止。如在上述 60 天被保险货物需转运至非保险单所载明的目的地时，则于货物开始转运时终止。

② 水上风险。

在《中国人民保险公司海洋运输货物保险条款》中，战争险的责任起讫不采用“仓至仓”条款，而是以“水上风险”为限，即自被保险货物装上保险单所载明的启运港的海轮或驳船时开始，直至卸离保险单所载明的目的港的海轮或驳船时为止。如果不卸离海轮，则以货物到达目的港当日午夜起 15 天为限。如果在中途港转船，不论货物在当地是否卸离，保险责任以海轮到达该港或卸货地点的当日午夜起算 15 天为止，到再装上海轮时保险责任恢复有效。

（4）除外责任

上述三种基本险别中都明确规定了除外责任。所谓除外责任（Exclusion）是指保险公司明确规定不予承保的损失或费用。中国人民保险公司《海洋运输货物保险条款》规定的除外责任主要包括。

① 被保险人的故意行为或过失所造成的损失。

② 属于发货人责任所引起的损失。

③ 在保险责任开始前，被保险货物已存在的品质不良或数量短差所造成的损失。

④ 被保险货物的自然损耗、本质缺陷、特性以及市价跌落、运输延迟所引起的损失或费用。

⑤ 海洋运输货物战争险条款和货物运输罢工险条款规定的责任范围和除外责任。

海运战争险的除外责任规定，保险公司对于敌对行为中使用原子或热核制造的武器所致的损失或费用是不予负责的。另外，对于因执政者、当权者或其他武装集团的扣押、拘留引起的承保航程的丧失和损失也是不负责赔偿的。

思考与问答

我国某外贸公司按CIF出口一批冷冻食品，合同规定投保平安险加战争、罢工险。货物运抵到目的港后适逢码头工人罢工，港口无人作业，货物无法卸载。不久货轮因无法补充燃料以致冷冻设备停机。罢工结束，该批冷冻食品已变质。

请问这种由于罢工而引起的损失，保险公司是否负责赔偿？

5.2.3 其他运输方式下的货物保险

海运货物保险历史悠久，原则和条款都比较完善，其他货运险中的原则和条款与海洋险有相通之处，只是由于运输方式不同而略有差异。

1. 陆地运输货物保险

（1）陆运风险与损失

货物在陆运过程中可能遭受各种自然灾害和意外事故。常见的风险主要有：

① 车辆碰撞、倾覆和出轨，路基坍塌、桥梁折断和道路损坏，以及火灾和爆炸等意外事故。

② 雷电、洪水、地震、火山爆发、暴风雨以及霜雪冰雹等自然灾害。

③ 战争、罢工、偷窃、货物残损、渗漏等外来原因所造成的风险。

（2）陆运货物保险的险别

根据中国人民财产保险股份有限公司《陆上运输货物保险条款》，陆运货物保险的基本险别有陆运险（Overland Transportation Risks）和陆运一切险（Overland Transportation All Risks）。此外，还有陆上运输冷藏货物险。陆上运输冷藏货物险的主要责任范围是：保险公司除负责陆运险的各项损失外，还负责赔偿在运输途中由于冷藏机器或隔热设备损坏，或车厢储存冰块融化所造成的被保险货物解冻融化以致腐烂、变质的损失。

国际贸易中陆地运输的基本工具一般以火车和汽车为主，所属保险公司对使用人力或畜力的货物运输不予承保。

陆运险的承保范围同海运水渍险相似。陆运一切险同海运一切险相似。所不同的是，除水陆联运外，单纯陆上运输不存在共同海损问题。这两种险别仅仅适用于火车和汽车运输，其除外责任与海运货物险相同。

责任的起讫也采用“仓至仓”责任条款。其索赔时效为从被保险货物在最后目的车站全部卸离车辆后算起，最多不超过两年。

陆运货物在投保上述基本险的基础上可以加保附加险，也有一般附加险和战争险等特殊附加险，陆运货物战争险的责任起讫是以货物置于运输工具上为限。

2. 航空运输货物保险

（1）空运风险与损失

货物在空运中常见的风险有雷电、火灾、爆炸，飞机遭受碰撞、倾覆、坠落、失踪、战争破坏，以及被保险货物由于飞机遇到恶劣天气或其他危难事故而被抛弃等。

（2）空运货物保险的险别

空运货物保险的基本险别有航空运输险（Air Transportation Risks）和航空运输一切险（Air Transportation All Risks）。航空运输险的承保范围与海运水渍险大致相同。航空运输一切险的承保范围类似于海运一切险，即在航空运输险基础上同时负责一般外来原因所致的损失。航空运输货物保险的除外责任与海运货物险基本相同。

航空运输险和航空运输一切险的责任起讫也采用“仓至仓”条款。航空运输战争险的责任期限是自货物装上飞机时开始，至卸离保险单所载明的目的地的飞机时为止。

航空运输货物战争险是一种附加险，只有在投保基本险的基础上才能加保。投保该险别后，保险公司负责赔偿在空运过程中由于战争、类似战争行为和敌对行为、武装冲突以及各种常规武器所致的货物损失。核武器所致损失除外。空运货物在加保战争险的同时可加保罢工险，不另收保费。如仅加保罢工险，则需按战争险费率收费。

3. 邮包运输保险

国际贸易中小件货物通过邮政包裹运输是普遍的做法，邮包运输同样要通过海上（包括内河）、陆地和航空等各种运输方式实现。为补偿寄件人因自然灾害和意外事故造成的邮包损失，可采取两种办法。第一种办法是由寄件人向邮政机构办理邮包保价手续，由邮政机构对保价邮包在其运送过程中的损失按保价金额给予赔偿。邮包保价实际上是由邮政机构办理的邮包运输业务，保价费类似于保险费。关于邮包保价金额，国际邮政联盟在《国际邮政包裹协定》中做了规定，但这并不影响各国邮政机构按本国实际情况规定邮包的最高保价限额。邮包保价业务能对寄件人提供一定保障，但也存在不少限制。一方面，有些国家或地区不办理保价业务；另一方面，各国都规定了邮包保价的最高限额，对于一些贵重物品邮包，其价值往往因超过保价的最高限额而得不到全面保障。因此，若邮包寄件人认为不能获得全面保障，就可采用第二种办法即向保险公司投保邮包险。

根据中国人民财产保险股份有限公司《邮包险条款》，邮包险的基本险别分为邮包险和邮包一切险，此外还包括邮包战争险。

（1）邮包险和邮包一切险

邮包险和邮包一切险的承保责任范围分别与海运水渍险及海运一切险类似。

邮包险的除外责任与海运货物险的除外责任基本相同。

邮包险和邮包一切险的保险责任自被保险邮包离开保险单载明的起运地寄件人的处所送往邮局时开始生效，直至被保险邮包运抵保险单载明的目的地邮局，自邮局签发到货通知书当日午夜起算满 15 天为限。在此期间内，邮包一经交至收件人处所，保险责任即告终止。

（2）邮包战争险

邮包战争险是一种附加险，只有在投保邮包险或邮包一切险的基础上才可加保。投保该险别后，保险公司负责赔偿被保险邮包在运输过程中直接由于战争、类似战争行为和敌对行为、武装冲突或海盗行为以及各种常规武器所造成的损失，同时还负责赔偿与此相关的共同海损牺牲、分摊和救助费用。核武器所致损失除外。

邮包战争险的保险责任自被保险邮包经邮局收讫后从储存处所开始运送时生效，直至邮包运达保险单载明的目的地邮局交收件人终止。邮包险除可加保战争险外，还可同时加保罢工险。

本章小结

本章主要介绍了国际贸易物流主要采用的四种货物运输方式，以及不同运输方式下的风险和货物保险。海洋运输历史悠久且运用最为广泛，应熟悉其特点和经营方式；航空运输的优越性、陆地运输的四种物流方式以及国际多式联运的基本构成条件，也是重要知识点；了解海洋运输、陆地运输、航空运输和邮包运输中存在的风险，掌握基本险、附加险、起讫期限和除外责任的含义，熟知四种运输货物保险的保险险别，可以把国际贸易中货物可能遭到的意外损失降到最低。

国际贸易风险与安全

随着国际贸易规模日益壮大，贸易主体不断增加，国际贸易风险的发生率一直处于较高的水平。较之于国内贸易，国际贸易中存在的风险更加复杂多样。在国际贸易中，除了签约和履行，还涉及跨国运输、货物保险、国际支付等关键步骤，必然会增加贸易纠纷的多样性。并且因为纠纷涉及多国当事人的利益，存在着许多条约、公约和惯例约束着人们的贸易行为，甚至需要适用不同主权国家的法律、规定处理争议，此外，国际贸易纠纷还受国际政治形势、国家外贸政策等客观条件变化的影响，更增加了国际贸易的复杂性。

知识目标

1. 了解国际贸易风险的类型。

2. 了解国际贸易风险的防范措施。

3. 了解国际贸易投诉的类型。

4. 熟悉阿里巴巴国际站交易违规处罚规则。

5. 了解国际贸易欺诈类型。

能力目标

1. 掌握国际贸易风险的防范措施的使用。

2. 学会处理不同的贸易投诉纠纷。

3. 能够识别不同的国际贸易欺诈，并及时规避风险。

6.1 国际贸易风险

国际贸易风险，是指由于各种与国际贸易有关的因素，导致在一定时间内企业完成国际贸易活动过程中发生无法预料的风险，可能会直接或间接影响到企业的经营效益。随着经济全球化的快速发展，国际贸易风险与日俱增，呈现出复杂化、多样化、不确定性等特点。

6.1.1 国际贸易风险的类型

1. 政治风险

政治风险是指从事国际贸易活动的企业由于受东道主国家政治因素的影响而遭受损失的可能性，此类风险具有突发性、不可抗性。它主要是由于贸易所在国的政局突变、政权更迭、政策不稳，又或因叛乱、战争和恐怖主义等因素均会对国际贸易造成损害，增加风险。

政治风险在很大程度上取决于各国的政治稳定性以及实施的政治制度。相对来说政治较为稳定的国家，政治因素影响国际贸易的风险较小；而政治动荡或不稳定的国家，其政治因素影响国际贸易的风险较大。一个国家的经济政策、金融政策等都会对国际贸易有直接的影响，这些影响在一些特定的情况下会转移为国际贸易风险。

来自海外的政治风险主要包括战争、贸易争端（战）、政治经济制裁、一些临时措施如提高关税，反倾销，反补贴，各种临时文件等。

来自国内的政治风险主要包括出口退税或者补贴政策的调整、汇率的变化、进出口许可证制度的变化、外汇政策的变化、检验制度的调整和改变等。

2. 法律风险

与国内的电商法律相比较，跨境电子商务的法律风险会涉及很多不同的法律领域，相对来说比较复杂。而由于我国跨境电商的发展经验还不是很丰富，相应的法律法规建设还不够完善，因此，会产生一系列的法律风险问题。

（1）知识产权风险

随着电子商务的发展，网上销售的书籍和报刊已经被广泛采纳，这种行为在一定程度上就存在关于著作权的法律风险隐患。由于传统的著作权是以实物为著作载体，而在跨境电商的交易模式中产生了一种电子文档或课件浏览的销售方式。在进行电子交易的过程中，企业无法从根本上保证购买者对书本和报刊信息不会随意传播，或者其他用户的复制，而这些行为都侵犯了原作者的著作权，从而会引发著作权的相关法律问题。

（2）个人隐私风险

在进行电子商务交易的过程中，大多数网站通常会要求消费者进行个人信息登记。但是，如果没有采取保护措施或者由于企业疏忽导致用户的个人信息泄露，会造成消费者对企业的强烈不满和排斥，并且在跨境电商活动中，企业会整理消费者的个人信息，建立庞大的数据库，甚至有偿出售这些信息，这些行为都违反了个人隐私权的相关法律。

（3）交易风险

以互联网为基础的电子商务，在进行交易的过程中大多数都采用电子支付的方式，这在一定程度上就存在很大的诈骗风险。而跨境电子商务的交易风险主要是国际性的非法交易活动，参与到跨境电商活动中的企业没有按照合法的途径进行交易，这会造成企业与消费者之间的经济利益的损失。由于跨境电子商务在国际上还未形成统一的信用评价标准，这在某种程度上给很多不法企业或个人提供了洗钱或骗钱的可能性。除此之外，我国第三方支付平台众多，会给个别不法机构或个人提供违法、违规、诈骗的可能性，银行和第三方支付平台在跨境电子商务交易中存在安全漏洞，这些都会导致跨境电商活动中存在很多已知或未知的交易风险。

（4）税收风险

由于跨境电商在运输货物时会存在合体小、总量大以及种类分散的问题，很多企业为了逃避税收，会进行多次邮递的方法来运输大量的货物，并且很多小型跨境公司的电话是个人的，有时也使用混淆自用物品与代购物品的方式来逃避税收。这些行为都为海关征税增加了难度，导致国家在跨境电商税收方面存在一些漏洞，有一定的税收风险。

3. 市场风险

市场风险是指由于国内或国际市场的变化而导致企业在国际贸易中亏损的风险，有时也会演变为价格风险或财务风险。

市场风险主要包括商品价格风险、汇率风险、利率风险、股票价格风险等。

（1）价格风险

价格风险是国际贸易风险中最常见的风险类型，与此同时也是影响国际贸易中企业利润的重要因素。买卖双方的供需关系变化会影响到产品的市场价格，而产品市场价格会对贸易双方产生风险。

（2）汇率风险

汇率风险指由于汇率发生波动而影响国际贸易活动，从而导致交易风险的产生。在国际贸易过程中，汇率发生波动会给国际贸易造成较大的影响，其中产品到岸价格差异是国际贸易受到汇率变动风险影响的直接表现。

4. 合同风险

在国际贸易中，合同风险也是常出现的贸易风险之一。

在各国进行国际贸易的过程中，交易双方都需要签订贸易合同。国际贸易合同中包含生产、质量、管理、法律、技术等很多内容，其中有很多贸易惯例的专业术语，严格规定了交易双方的权利和义务。如果一方对国际贸易准则以及相关法律法规没有详尽的了解，很容易出现操作层面上的风险，这不仅会导致贸易中的巨大损失，还会在国际市场上留下不好的形象，使各项国际贸易都受到影响。

国内企业在刚刚进入国际市场的初期，不熟悉交易规则，双方签订的合同存在违约风险，各国之间的贸易摩擦加剧，反倾销案件大量增加，技术性贸易壁垒频繁出现，这些问题都会加大国际贸易风险。

5. 信用风险

跨境电子商务作为一种新型的国际贸易模式，近年来发展较为迅速，目前主要面临的风险是信用风险。它多产生于交易一方未能履行签约合同的内容，从而造成一方或多方的经济损失。当前的信用风险主要由以下四个因素造成。

（1）商品

与有形市场的商品销售不同，跨境电子商务销售的产品质量等都具有不确定性，因此商品本身就会产生很多信用风险问题。而最基本的信用风险问题就是商品的可靠度，即商品的质量、性能以及是否与网页提供的产品描述相匹配等。比如 B2C 电子商务的交易双方会根据平台上的图片和文字描述等信息来选择商品，如果图片和文字描述过于夸大，不够真实，会影响到买家的消费体验，直接带来严重的信用危机。

（2）支付方式

支付方式的信用风险主要是由跨境电子商务交易过程中的安全性和保障性不足造成的信用隐患。跨境电子商务的付款方式过于依赖网上银行、快捷支付、支付宝等第三方支付平台进行操作，在一些环节会比较容易出现风险，比如因物流时间延迟送达，第三方平台会自动默认交易成功，并将购物款打到卖方账户该环节就存在一定的信用危机。

（3）第三方物流

物流运输过程中的不确定性和多主体性加大了跨境电子商务的物流信用风险。从目前大多数电子商务交易方式来看，很多第三方电子商务平台会将物流作为信用评价的重要指标之一。在近年来网络交易货物量急剧增长的同时，物流方面也面临着很大的挑战。

（4）监管体系

我国目前还没有完善的用于监管电子商务交易市场的法律法规，而有形市场的法律法规对跨境电子商务来说缺乏实用性和稳定性。尤其是近几年来，跨境电商中小企业数量猛增，对电商销售投诉量的增加也从侧面反映了我国电商市场急需完善的监管体系。

6. 结算和电子支付风险

结算风险包括汇付风险、托收风险、信用证风险、银行保函风险等。国际贸易中结算是最后一个环节，也是最重要的环节，容易出现功亏一篑的局面。但实际上风险不可避免，例如国际贸易结算中采用汇付方式，那么双方都会承受很大的风险：若采用预付货款，则进口商的资金占用时间长，经济压力重，承担几乎所有风险；若采用货到付款或赊销，则出口商需要承担风险和货币的机会成本。如果采用汇票，则可能出现使用假汇票或伪造汇票的情况，导致财货两空。

浮动汇率是当前国际货币结算中需要了解和使用的重要工具。汇率的实时变化在很大程度上影响了国际贸易结算，尤其是在汇率剧烈变动的当今世界，汇率市场的风险会直接影响国际贸易的进程，为各国企业参与国际贸易带来了很大风险。

在进行国际贸易中，不可避免会遇到货币汇率的变动问题，这意味着我们必然需要解决贸易结算问题，它与国内贸易使用本币进行结算不同，国际贸易中的货币结算不是简单的本币结算，而是本币与外币之间的汇率折算问题。而随着国际外汇市场随时波动的汇率会影响国际贸易中双方的利益分配，直接或间接地增加企业参与到国际贸易中的风险。

6.1.2 国际贸易风险防范的意义

从国家层面来看，国际贸易风险防范有利于促进整个国民经济的健康发展。企业是国民经济的基础，企业的兴衰与国民经济的发展息息相关。通过实施有效的风险管理，降低企业的各种风险，提高企业应对风险的能力和市场竞争能力，以企业的健康发展促进整个国民经济的良性发展。

从企业层面来看，有利于企业实现自身的经营目标，增加企业经济效益。企业经营活动的目标就是追求利润的最大化，实现经济效益和社会效益的有机结合。在实现这一目标的过程中，会受到各种各样不确定性因素的影响，从而影响到企业的整个经营目标的实现。因此，对于企业来说，进行国际贸易风险管理是非常有必要的，可以化解很多不利因素的影响，来保证企业经营目标的实现，同时在国际贸易活动中提升自身的竞争力和信誉度。

6.1.3 国际贸易风险防范的措施

1. 熟悉世界各国的贸易政策

一个国家的进出口政策变动，会对整个国际贸易的交易往来产生重大影响，甚至导致经济损失，这就需要我们能够准确地把握出口国的政策、政治和经济状况。例如美国、日本等发达国家会用技术性贸易壁垒保护本国市场，因此我国的出口企业就需要利用自身优势，积极创新，打造有质量、有档次、有品牌的产品，提高自身实力与国际竞争力才能有效地规避政策风险。在进入国际贸易领域的时候，要随时关注对方贸易国相关政策的变化动态，与此同时出口企业必须充分掌握贸易往来国家的经济政策，谨慎的审视在每一个流程中可能出现的纰漏，积极地拓展国际贸易之间的往来与合作关系，将主动权和发言权掌握在自己手中，降低潜在的国际贸易风险。

2. 按照国际贸易惯例办事

国际贸易惯例就是指在进行国际贸易交易时，需要有与国际贸易有关的通则、法规和准则来约束。通常是由商业企业或国际性组织来拟定的，对国际贸易在市场中的交易秩序起到一定的控制作用，使国际贸易能够更快更好地与国际经济相融合，从而维护并稳定国家和企业的利益。因此在国际贸易的交易活动中如果能够严格的遵循国际贸易惯例和相关法规办事，就能大大降低风险，并且让国际贸易交易能够稳定并且有秩序地进行。

3. 积极应对反倾销调查

为维护正常国际贸易秩序和国内市场公平，进口国会依法对造成进口国产业损害的倾销行为采取征收反倾销税的调查。企业是应对反倾销最重要的组成部分，面对反倾销调查企业应该做到：第一、转变竞争观念，企业要改变以往单靠低价竞争的做法来提高产品的营业额，要结合产品本身的特点加强产品的质量，逐渐提高产品在市场上的竞争力，不断优化进出口结构，树立产品的品牌意识，通过合理提高产品的销售价格以避免遭受因价格而遭遇反倾销。第二、积极改善出口产品的市场结构，出口企业应该坚持市场多元化，积极开拓市场的销售方式，以免出口市场过于集中化而增加在国际市场上的贸易风险。第三、注重开展国际化经营，我国企业走出去对其他国家或地区直接投资，利用国际产业链条在全球范围内配置，绕过关税壁垒，也能有效地避免反倾销调查。

4. 防范汇率变动风险

对于国际贸易交易活动中可能涉及的汇率风险，可以通过利用金融工具以及一系列财务手段来进行转化和调节。我国要用严谨的态度对待计价货币的选择，积极地运用衍生的金融工具，进行一系列的宏观金融调控，从而达到防范国际贸易风险的目的。

6.2 国际贸易投诉及纠纷处理

在国际贸易中，如果买卖双方在交易过程中产生争议，双方无法协商或者协商不能达成一致的情况下，一方或双方均可申请提交第三方平台进行仲裁判责处理。贸易投诉如果没有及时解决，将很有可能升级为欺诈案件，被投诉方将有可能承担经济和法律上的责任。

6.2.1 贸易投诉类型

1. 未收到货物

① 卖家不发货。买家付款之后，供应商在收到投诉时，货物仍然未发出。

② 虚假发货。买家付款之后，供应商提供了虚假发货凭证，供应商收到投诉时，投诉方没有收到货物或者提供的物流单号无追踪信息。

③ 拒绝退货。买卖双方协商一致买家退货后，供应商不予解决（拒绝重新发货、拒绝退款、不合理拖延、联系不上等）。

2. 货物不符

① 严重质量问题：买家收到的货物存在严重的质量问题。

② 严重短装：买家收到的货物少于合同约定的数量。

③ 假货：买家收到的货物是假货，不是正品。

3. 未收到货款

买家收到货物后，未按照合同约定付款。

6.2.2 贸易投诉规避与处理

1. 预防贸易纠纷

交易过程中需要解除买卖双方贸易误解，进而规避纠纷投诉，以下是常见案例及注意事项。

（1）贸易洽谈期

① 交期约定。

a. 明确备货期的起止时间点以及交货条件。

b. 与买家确认交期时，请确认工厂可以完工的交期并加上可能会影响交期的风险时间，并非承诺最快的交期。

② 产品约定。

a. 熟悉自己公司的产品以及产品的最新功能，及时更新阿里巴巴网站产品页面的介绍。

b. 与买家沟通产品性能时约定产品的使用场景以及适用范围，以规避不同使用环境带来的影响。

③ 价格约定。

a. 不同的质量等级有着不同的价格，要保证买家的知情权，并非根据买家的目标价格擅自决定质量等级备货。

b. 出现价格误报的情况，第一时间告知买家实情、与买家真诚沟通，而非临发货期擅自涨价。

c. 价格中明确约定交易条款，交易条款不能与收费项目矛盾（例如，EXW 价格则不应该另外再收运费；CIF 价格则不应该另外再收保险费等）。

d. 明确约定首付款、尾款支付条款，详细支付条款应包含且不限于下列因素：支付金额、支付币种、支付日期等。

④ 物流约定。在拿到第三方物流明确消息前，勿随意承诺客户不确定的信息。

⑤ 售后约定。详细的售后条款应包含且不限于下列因素：保障时间（包含开始时间与期限）、保障范围、保障方式、期间买家责任、期间卖家责任、免责条款及鉴定方式。

（2）备货期

① 确认颜色、款式时，最好同步到所有关联部门，如仓库、采购、船务等，保证买家的要求能够得到完整落实。

② 打样过程中每一环节都做好留样，买家确认样品后，样品务必保留，并建议将船样表单留存。

③ 若需更换新工厂，需要多加考察、重新打样，确认工厂的生产水平可以达到买家的要求；同时，建议将买家的特殊要求背书，保证新工厂能获取一致信息；除此之外，如需外包时，建议仅外包到一家工厂，以保证产品质量的统一性。

④ 备货期内，与买家及上游供应商之间定期保持沟通，汇报备货进展情况，若出现任何异常情况，及时与买家沟通。

⑤ 备货完成后，出货前跟买家确认后再发货。

（3）发货后

① 第一时间将物流信息或者海运信息同步给买家，并提供相关单据。

② ETA 快到的时候，提醒买家注意收货。

③ 买家收到货物后第一时间主动跟进买家，了解买家对货物的反馈。

（4）发生纠纷后

① 以解决问题为目的，积极与买家沟通，主动提供可行的解决方案。

② 与上游供应商协商解决方案的过程，要实时同步给买家，以获得买家理解。

③ 若要求买家退货，在退货前调查清楚自身是否有能力完成进口清关。

2. 三种基本的贸易投诉类型的对应解决方案

① 未收到货物。

与买家协商发货或者退款，然后提供发货或者是退款底单作为解决问题的凭证。

② 货物与约定不符。

与买家协商补发货物或者补差价，如若不行，共同协商其他解决办法。

③ 未收到货款。

买家与卖家协商付款，提供完整付款凭证。

6.2.3 阿里巴巴国际站交易违规处罚规则

在阿里巴巴国际站平台进行贸易的过程中，买卖双方针对货物、款项等意见不合产生的争执，并由买家提起的贸易纠纷。在线批发订单和信用保障订单融合后，所有的订单贸易纠纷均按照信用保障订单的贸易流程进行协商判责。

阿里巴巴作为网络贸易交易平台，会在收到投诉方发起的投诉后第一时间与被投诉方进行联系与确认，如情况属实，阿里巴巴会敦促被投诉方在一定期限内积极解决与投诉方之间的纠纷，一旦纠纷得到顺利解决，投诉方发起的投诉将会被系统关闭。若在一定期限内，经协调与沟通，被投诉方依旧不配合处理，阿里巴巴会视具体纠纷情况对被投诉方予以处理，情节严重的阿里巴巴将会关闭被投诉方在平台上的账号，如表6–1所示，《阿里巴巴交易违规处罚规则》。

表6–1 阿里巴巴交易违规处罚规则

纠纷大类	纠纷小类	注释	一般纠纷	严重纠纷	
				已解决	未解决
未收到货物	收款不发货	截止投诉受理之日，被投诉方已收款却不发货	—	6	48
	虚假发货	被投诉方已收款，但提供了虚假发货凭证，投诉方没有收到货物	—	6	48
	退货不解决	经双方协商一致投诉方退货后，被投诉方不予解决（拒绝重新发货、拒绝退款、不合理拖延、联系不上等）	—	6	48

（续表）

纠纷大类	纠纷小类	注　释	一般纠纷	严重纠纷	
				已解决	未解决
未收到货物	其他	被投诉方已发货，但因被投诉方原因导致货物的丢失、扣关、退回等，因而截至投诉受理之日投诉方未能收到货	—	6	48
	成交不卖	Secure Payment 订单已成立，被投诉方收款后逾期不发货，导致订单被系统关闭，而货款已退还投诉方	3	—	—
未收到款项	收货不付款	被投诉方已收到货物，但未按合同约定付款	—	6	48
货不对板	严重质量问题	投诉方收到的货物材质 / 成分含量 / 类别 / 安全标准等与约定明显不符，或者货物主要功能缺失或完全不能使用，或者严重质量掉档等；有假货嫌疑的除外	—	6	48
	一般质量问题	投诉方收到的货物存在相对轻微的质量问题，未达到约定标准，但不影响使用或无明显危害的	6	—	—
	严重短装	被投诉方短装的数量（或价值）占比大于或等于 20% 的	—	6	48
	一般短装	被投诉方短装的数量（或价值）占比小于 20%，且未能提供合理解决方案的；涉嫌欺诈的除外	6	—	—
	假货	投诉方收到的货物不属于约定性质或品牌的产品，或被投诉方未能提供品牌授权或自有品牌证明的（同时，在对应罚分基础上，阿里巴巴保留下架或删除相应假货商品信息的权利）	—	12	48
其他纠纷	其他违背承诺	被投诉方未按照承诺向投诉方提供服务或履行交易，损害投诉方正当权益的行为	3	—	—

除上述外，在整个交易过程中，若用户有其他违反诚信以及不合法、不合规等交易行为的，阿里巴巴有权视其过错程度、造成的损失情况等给予 3—48 分的罚分。

6.3 国际贸易欺诈

跨境电子商务交易中的诈骗是以非法占有为目的，通过网络信息系统虚构事实或者隐瞒真相，骗取大额财物的行为。跨境电子商务行业不仅意味着巨大的商机和潜力，也存在着比线下市场和国内电商交易更复杂和棘手的交易欺诈问题，有效应对这类欺诈需要防患于未然，事先了解在线跨境交易中可能存在的各类欺诈，才能对症下药找到解决方案，及时处理。

6.3.1 国际贸易欺诈类型

1. 身份盗窃

电商中最常见的欺诈类型是身份盗窃（比例占 71%）、网络钓鱼（66%）和账号盗窃（63%）。信用卡是主要盗窃目标，因为骗子进行无卡交易非常方便。

传统的身份盗用案例中，骗子的目标就是用另一个身份进行交易。与其自己创建一个新的身份，直接盗用他人身份信息更简单迅速。骗子通过获取姓名、地址和邮箱，以及信用卡账户信息来盗取他人身份。用别人姓名和信用卡账号在网上下单购物。“网络钩鱼”就是用欺诈网站、邮件或短信骗取个人信息。另一种诈骗手段是网址嫁接，当消费者点击一个网站时，会直接被导入到另一个欺诈网站上，通常这些盗用的身份信息都是用来进行欺诈性交易。大部分情况下，账号中的支付信息已经被盗走。

2. 友善欺诈

消费者在网上订购产品或服务，用信用卡或借记卡付款。然后声称信用卡账户信息被盗窃，要求退款。他们获得了退款，但是也保留了商品或服务。这种盗窃方式多发于服务行业，比如赌博。温和欺诈也经常与再发货连在一起。骗子用盗来的支付信息付款，但是又不想货物直接送到自己的家庭地址。相反，他们通过盗用信息下单，然后由中间人（信息被盗用者）退货给骗子。

3. 联属欺诈

联属（Affiliate Program），是一种国外流行的互联网营销模式。联属欺诈有两种表现形式，都是为了同一个目标——联属。会员通过制造虚假访客量和注册数据来骗取非法佣金。

4. 三边欺诈

三边欺诈是通过三点来实施的欺诈行为。

第一点，注册虚假网店，低价提供高需求商品，还有其他一些吸引人的条件，比如下单后立即发货。这个网店用来收集消费者地址和信用卡数据——这是它唯一的目的。

第二点，利用从别处盗来的信用卡数据和客户名称去真正的网店下单，然后把收货地址填在自己假网店下单的客户地址。

第三点，再用假网店盗取的信用卡账号购买其他产品。这样，订单信息和信用卡账户之间很难追查到有什么联系，从而导致欺诈难以发现，容易给卖家造成较大损失。

5. 商业欺诈

商业欺诈一般是产品标价很低，但是收到付款后不会发货的行为。这种欺诈类型也存在于批发商中，没有具体针对哪种付款方式，但肯定是属于买方无法申请自动退款的类型。

6. 跨境交易欺诈

跨境交易欺诈预防最大的挑战，就是缺乏统一的市场交易规范机制。跨境交易量不断增加，也给欺诈预防带来了很大困难。各国的欺诈预防工具也有很大差异。语言障碍，以及将货物跨境发往单一客人的复杂流程，都让跨境交易欺诈更加难以防范。

7. 不同销售平台欺诈

欺诈方式根据销售渠道不同进而发生变化，而很多企业都在努力实现多渠道销售让欺诈预防难度更大。通过第三方平台进行的欺诈交易，比较容易成功，因为人们的防范心理很弱；接着是移动端交易和自主交易。

6.3.2 如何避免国际贸易欺诈

1. 加强风险意识，提高从业素质

首先应该加强国际贸易中的风险意识，对国际贸易的危机和风险进行深入研

究，能够做出全盘的考虑并事先拟好相应的对策。当出现风险和危机时能够从容快速地处理，将损失最小化。其次应该不断地完善风险管理制度，从业人员应该从自身出发，熟悉国际贸易业务、国际贸易惯例以及相关的法律法规，将业务流程制度化、规范化，建立完善的国际贸易运行制度，有效提高抗风险能力。

主要的风险防护行为有做好账号管理，防止邮箱被盗，规避账号转让的风险，同时，提高自身警惕，识别骗子买家。

2. 加强对贸易伙伴的资信调查

资信调查主要是指专业的信息咨询公司对被调查企业的企业登记资料、日常运行资料以及公司的运转状态做出全面的资信分析，以获得被调查公司的真实情况。资信调查的主要内容包括公司的注册情况、财务情况、运营情况、结构组成以及人员情况等。通过加强对贸易伙伴的资信调查，从而对即将产生交易行为的公司有充分地了解，有效地降低交易过程中的风险和危机。在进行资信调查时，不仅要调查新交易伙伴，同时对老交易伙伴也要进行调查，另外与交易相关的金融机构也要进行资信调查。

3. 注重合同条款的严谨

贸易过程中的合同条款是贸易双方履行合约、结算以及处理争议的主要依据。因此在制定合同条款时，必须明确规定贸易双方的权利和相应的义务。对于货物名称、数量、规格、型号、质量、批次、价格、运输方式、交付时间、交付地点、支付方式等进行详细的商定，对于容易引发合同欺诈的条款更应该经过详细的论证。同时，对于所签订的合同，应该高度保密，减少合同欺诈行为的发生。

4. 选择资信好的金融机构合作

在国际贸易中，金融机构的作用非常重要，除交易资金收付外，还承担了审查单证的重要作用。国际贸易结算中信用证结算是最常用的支付手段之一，尽管信用证结算方式不断完善，但是在某些方面仍然存在一定的弊端，给不法分子造成了可乘之机。因此在实际的单证审核时，除了要审查单证之间是否相符，还应该审查与实际合同是否一致。

5. 注重物流环节的规范操作

国际贸易一般采用海运的方式进行货物运输，因此在选择货物运输的承运人、代理人时，应选择资信状况良好的国际物流公司，同时应该由交易方控制相应的运输环节。在合同中规范相应的运输条款，以确保货物的安全到达。

在运输货物之前，应该委托公证机构对商品进行检验并监装，并且收货人也应该按照相应的合同规定进行检验，以确保货物在海运的过程中不会出现差错。

发货后，尽量完整地保留发货凭证及产品信息，例如产品的照片、发货批次的产品质检报告，保证在产生纠纷时能有证明无责的材料。时时关注物流运输情况。如果因为物流原因导致货物损失的，应该及时联系物流公司赔偿，然后将实情告知买家，给出合理的赔偿方案，避免自身受损的同时获得买家的理解。

货物到达买家国家，卖家需要协助客户收货。及时提醒客户货物已经到达，减少因为第三方原因导致未收到货物的情况。

本章小结

本章主要介绍了国际贸易风险、投诉和欺诈的类型，通过对不同的贸易风险的分析，提出应对的防范措施和处理方案，可以让读者在复杂多样的国际贸易交易中，了解防范国际贸易风险的意义，懂得及时规避。在国际贸易投诉中，结合阿里巴巴国际站交易规则，阐述了贸易投诉的严重性和不同交易时期的处理方法，在公平公正的前提下将双方利益亏损最小化。

第7章 知识产权及法律法规

随着跨境电子商务贸易的飞速发展，我国不断推出涉及信息、支付、清算、物流、保税等多方面的政策支持，以监督跨境电商行业的规范运作，并推动跨境电商行业的健康发展。跨境电商政策的直接干预不仅对整体跨境电商市场的发展起到了极大的推动作用，也让跨境电商企业从企业到运营成本、企业业务流程、企业纳税等多方面获得了有力保障。

知识目标

1. 了解中国跨境电子商务相关法律法规。

2. 了解主要国家和地区跨境电子商务法律法规。

3. 了解跨境电子商务禁限售规则。

4. 了解知识产权的分类和形态。

5. 了解阿里巴巴国际站知识产权侵权行为。

6. 了解阿里巴巴国际站的禁限售规则。

能力目标

1. 掌握预防知识产权侵权的方法。

2. 具备处理知识产权侵权行为的能力。

7.1 知识产权

7.1.1 知识产权的概念及特点

知识产权是关于人类在社会实践中创造的智力劳动成果的专有权利。随着科技的发展，为了更好地保护产权人的利益，知识产权制度应运而生并不断完善。

1. 知识产权的概念

知识产权（Intellectual Property Right）也称为“知识所属权”，是指“权利人对其所创作的智力劳动成果所享有的专有权利”，一般只在有限时间期内有效。知识产权通常是国家赋予创造者对其智力成果在一定时期内享有的专有权或独占权（Exclusive Right）。

知识产权从本质上说是一种无形财产权，它的客体是智力成果或知识产品，是一种无形财产或者一种没有形体的精神财富，是创造性的智力劳动所创造的劳动成果。各种智力创造，如发明、文学和艺术作品，以及在商业中使用的标志、名称、图像以及外观设计，都可被认为是某一个人或组织所拥有的知识产权。

2. 知识产权的特点

知识产权具有三种最明显的法律特征：一是知识产权的地域性；二是知识产权

的专有性；三是知识产权的时间性。这三个特点在法律的规定下显示出知识产权的社会属性。知识产权是一种无形财产，大部分知识产权的获得需要法定的程序。例如，商标权的获得需要经过登记注册。

（1）地域性

地域性是指知识产权只在所确认和保护的地域内有效。即除签有国际公约或双边互惠协定外，依一国法律取得的权利只能在该国境内有效，受该国法律保护就是有国家间和地区间的隔阂，但是随着区域组织的不断发展，知识产权不断地扩大了地域范围，在一定程度上削弱了知识产权的地域范围约束。

（2）专有性

专有性是指知识产权只有权利人才能享有，而且他人不经权利人许可不得行使其权利，为专利专有。这表明权利人独占或垄断的专有权利受严格保护，不受他人侵犯。除权利人同意或法律规定外，权利人以外的任何人不得享有或使用该项权利。只有通过“强制许可”“征用”等法律程序，才能变更权利人的专有权。

（3）时间性

时间性是指知识产权在规定期限内受到法律保护，各国法律对知识产权分别规定了一定期限，期满后权利自动终止。即法律对各项权利的保护，都规定有一定的有效期，各国法律对保护期限的长短可能一致，也可能不完全相同，只有参加国际协定或进行国际申请时，才对某项权利有统一的保护期限。知识产权并非是永久保护的，这样能让知识产权人不断开拓新专利，发扬创新精神。

7.1.2 知识产权的分类及形态

知识产权主要包括专利权、商标权、著作权（版权）、原产地名称（地理标志）、工业外观设计等。

1. 专利权

专利是对发明授予的一种专有权利；发明是指提供新的解决问题的方式或对某一问题提出新的技术创新方案的产品或方法。要取得专利，必须向公众公开发明的技术信息。

其他单位或个人未经专利权人许可，不得进行以生产、经营为目的的制造、使用、销售和进口其专利产品。如使用其专利方法，必须经专利权人许可，才能够以生产经营为目的制造、使用、销售和进口依照其方法直接获得的产品。否则，就是侵犯专利权。

一个国家依照其本国专利法授予的专利权，仅在该国法律管辖的范围内有效，对其他国家没有任何约束力，外国对其专利权不承担保护的义务。专利权人对其发明创造所拥有的专有权只在法律规定的时间内有效，期限届满后，专利权人对其发明创造就不再享有制造、使用、销售和进口的专有权。

2. 商标权

商标权是指商标使用人依法对所使用的商标享有的专用权力。商标是能够将一家企业的商品或服务与其他企业的商品或服务区别开的标志，可能是一个单个字母、图形或是它们的组合，包括图画、符号等平面图象。

目前，品牌商标侵权是跨境电子商务知识产权中侵权违规最多的情况。

① 未经授权使用他人商标品牌信息，如产品名称、描述、属性、关键词等。公司信息中涉及品牌信息，例如公司介绍、主营产品等产品图片中涉及品牌信息。

② 获得品牌授权，但信息中还涉及他人品牌。授权范围与发布信息用途不一致，如获得授权生产证明，但用于销售该产品，又如授权采购配件生产自有品牌产品却使用原品牌信息；销售发布的信息与获得授权的品牌不一致，如获得授权的是 AFS JEEP，但信息中出现的却是 JEEP。

③ 信息其他地方涉及他人品牌，如信息超链接了他人品牌信息。

④ 涂抹、遮盖商标，故意使用变形词或变形 Logo 等，该情况属于恶意违规，有销售假货的嫌疑，跨境电商平台将予以严重处罚。

3. 著作权

著作权是用来表述创作者因其文学和艺术作品而享有的权利的法律用语。涉及版权的作品有图书、音乐、绘画、雕塑、电影、计算机程序、数据库、广告、地图和技术图纸等。

著作权包括著作人身权和著作财产权。著作人身权包括发表权，即决定作品是否公布于众的权利；署名权，即表明作者身份，在作品上署名的权利；修改权，即修改或者授权他人修改作品的权利；保护作品完整权，即保护作品不受歪曲、篡改的权利。著作财产权是作者对其作品的自行使用和被他人使用而享有的以物质利益为内容的权利。通过以下方式获得经济效益：复制、翻译、改编、表演、广播、展览、拍摄电影、电视或录音等。

各国法律对著作权的取得条件有不同要求，主要分为自动取得和注册取得两大类。自动取得是指著作权自作品创作完成时自动产生，不需要履行任何批准或登记手续。世界上大多数国家采取这种自动取得制度，我国也采取这种制度。注册取得是指以登记注册为取得著作权的条件，作品只有登记注册获批准后才能产生著作权，而不是自动产生。

4. 原产地标志（地理标志）

地理标志和原产地名称是用于具有特定地理来源的商品的标志，这些商品具有可主要归因于产地的品质、声誉或特征。例如，地理标志包括商品产地的名称。

5. 工业品外观设计

工业品外观设计是指物品的装饰性或美学特征。外观设计可以是立体特征，如物品的形状或外表；也可以是平面特征，如图案、线条或颜色。

7.1.3 如何预防知识产权侵权

从电子商务知识产权来看，侵犯商标权和著作权的知识产权案件数量最多。目前，跨境电子商务侵权主要表现在以下几个方面。

① 现行网络假货不少，侵犯商标权的现象时有发生，很多中小商家打着品牌授权口号公然销售假冒伪劣产品。

② 在网络产品传播方面，擅自使用其他网站的 Logo、图片、视频、原创内容等，或者以其他网站为模板，采用相似域名等行为，对消费者造成了严重误导，同时也给被侵权的品牌带来了负面影响。

③ 网络诈骗，主要表现在恶意钓鱼或者欺诈网站，其主要通过技术手段制作钓鱼网站，通过低价、广告等形式诱导消费者进行消费。

那么，怎么预防知识产权侵权呢？

1. 企业建立知识产权专职部门

为避免发生知识产权侵权纠纷，应在设计开发新技术及产品之前，做好完整的相关专利技术检索分析，以了解现存的纠纷风险。此部分因涉及公司的经营策略，必须严格保密，应由公司内部专业人员负责，但为求妥当，也应视情况考虑委托外部专业机构再行鉴定确认公司的技术检索分析结果。因此，公司应建立知识产权管理与策略规划的专责部门，以处理前述相关事宜。

2. 企业做好知识产权布局

企业在规避自身利益被侵害的同时，也应尊重他人的专利。企业在国际化市场竞争中要了解专利的商业效用。国际间知识产权纠纷的背后实际是市场壁垒的设置手段，以及商业利益享有的争夺。建立与知识产权相应的商业与技术的企业评估体系，并建立先期防范资源，包括市场、技术、法律等多方面的应对资源，应建立与知识产权方面的权威共享法律资源平台，为企业在国际化进程中的专利纠纷提供及时、可信的法律支持。

3. 国家加大知识产权侵权打击力度

我国跨境电子商务产业发展迅速，随之而来的是电子商务领域的专利侵权现象屡有出现。跨境电子商务领域的专利侵权行为，是新产业带来的新问题，加大电子商务领域专利假冒侵权的打击力度，既有利于权利人和利害关系人有针对性地准备材料，主动维护权利，又有利于网络平台方及时采取必要措施，处理纠纷，还有利于防止滥投诉、恶意投诉等情形发生，使网络平台内经营者合法利益不受到无端侵犯。

4. 跨境电子商务平台对相关知识产权内容有事前审查的义务

电子商务平台应加强对用户身份的审查。如某个网络用户声称其为某知名品牌的网络代理商或授权商，跨境电子商务平台应要求其提供相关证明文件并对该文件的真实性向权利人进行核实，如资料确实为伪造，电子商务平台应禁止该用户入驻该电商平台。

跨境电子商务平台还应加强对于特定情形下商品信息的查询。对于知识产权知名度极高、被控侵权产品事实极为明显的情形，例如，侵权信息处于网站首页，其他主要页面或其他电子商务平台明显所见的位置，电子商务平台对侵权信息进行了特别的推荐或编排等。电子商务平台应主动对商品信息进行审查，不必等接到权利人的投诉通知再处理。

5. 建立企业跨境电子商务风险审查机制

跨境大型综合平台服务商可以自己研发系统软件，用大数据的思维筛选、抓取涉嫌侵权知识产权的产品或者卖家信息，或引入知识产权服务商对其网络平台上的海量产品知识产权信息进行自我审查，并适时向相关权利发出侵权可能的提示信息、改进措施和扣分制度。对于确认侵权并拒不改正的卖家给予断链处罚，以警示和维护平台产品的正品信息形象。同时，建立宽严适度的产品信息准入制度。

7.2 跨境电子商务政策及法规

7.2.1 中国跨境电子商务政策与法规

1. 中国跨境电子商务政策支持

跨境电商进出口已经成为我国外贸发展新的增长点，而政策支持是跨境电商高速发展的重要因素之一。随着跨境电商进出口政策的不断出台，跨境电子商务平台得到了更快的发展。

（1）跨境电商零售进口过渡期后监管体系总体安排

我国跨境电商零售进口过渡期政策到期后，于 2018 年 1 月 1 日起采取新的监管模式。经国务院批准，现阶段，保持跨境电商零售进口监管模式总体稳定，对跨境电商零售进口商品暂时按照个人物品监管。跨境电商零售进口的监管模式和措施还将继续完善，对质量的监管和把控也会加强。政府已在反思外贸监管政策，在跨境电商所引发的全球贸易新趋势下要进行监管创新，仍需要时间继续推行试点，以总结经验，研究出一套更符合全球贸易发展趋势的跨境电商监管制度。

（2）跨境电商零售进出口检验检疫信息化管理系统数据接入

政策对跨境电商零售进出口检验检疫信息化管理系统涉及的经营主体（企业）、第三方平台的相关事宜进行说明，要求跨境电商经营主体、第三方平台对于其向出入境检验检疫局（所）申报及传输电子数据。有了数据的接入，就可以采集到更多的数据样本，就能对跨境电商进行大数据分析，有助于全面掌握行业发展概况，更好地对跨境电商健康发展做出指导。

（3）进一步扩大和升级信息消费持续释放内需潜力

部署进一步扩大和升级信息消费，充分释放内需潜力，壮大经济发展内生动力。《关于国务院进一步发展跨境电子商务的指导意见》指出，培育基于社交电子商务、移动电子商务及新技术驱动的新一代电子商务平台，建立完善新型平台生态体系，积极稳妥地推进跨境电子商务发展。在消费升级的市场环境下，消费者从以往的价格敏感转向了品质敏感，以往消费者一般主要关注的是产品的价格，随着中国人民生活质量的提高，消费者越来越看重商品的品质，越来越多的消费者选择在跨境进口电商平台上购买产品。

（4）扩容跨境电商综合试验区，监管过渡期再延一年

国家决定再选择一批基础条件好、发展潜力大的城市建设新的综合试验区，推动跨境电商在更大范围内发展，跨境电商监管过渡期政策延长到了2018年年底。从跨境电商综合试验区的扩围到鼓励建设覆盖重要国家、重点市场的海外仓等，都为出口跨境电商的发展带来利好。随着政策的持续推动，中国与海外相关国家间国际运输日益快捷，海外仓建设不断推进，海关进出日趋“阳光、透明”，跨境电商有望成为21世纪连通全球的新经贸纽带，实现沿线多边共赢。

（5）调整部分消费品进口关税

自2017年12月1日起，以暂定税率方式降低部分消费品进口关税。这次降低的消费品进口关税，范围涵盖食品、保健品、药品、日化用品、服装鞋帽、家用设备、文化娱乐、日用百货等各类消费品，共涉及187个8位税号，平均税率由17.3%降至7.7%。随着关税的下降，势必将有更多的国外商品进入国内，这对国内的企业来说是个不小的挑战。在商品价格上更加趋于或者接近中国商品的前提下，国内商品要想获得消费者的青睐，就必须提供给消费者更有价格优势、质量优势的商品。

（6）复制推广跨境电子商务综合试验区

跨境电商的线上综合服务和线下产业园区“两平台”，以及信息共享、金融服务、智能物流、风险防控等监管和服务“六体系”做法已经成熟，并且可以面向全国复制、

推广，供各地借鉴参考。各地结合实际情况，深化“放管服”改革，加强制度管理和服务创新，积极探索新经验，推动跨境电商健康快速发展，为制定跨境电商国际标准发挥更大作用。

（7）自 2018 年起新增 5 座城市适用跨境电商过渡政策

自 2018 年 1 月 1 日起，我国将跨境电商过渡期政策使用的范围扩大至合肥、成都、大连、青岛、苏州 5 个城市。扩大跨境电商零售进口监管过渡期政策出台的一大背景是在本轮消费升级中，国内消费者购买需求不断升级，逐渐从追求爆款，转向购买个性化、差异化商品。跨境海淘已经是当下市场的普遍现象，越来越多的消费者开始选择在网易考拉、亚马逊海外购、京东全球购等跨境进口电商平台中选购海外高品质商品。

2. 中国跨境电子商务相关法律法规

（1）跨境电商贸易、商务、运输相关法律法规

我国跨境电子商务可能涉及的法律类条文、规范、文件可以分为三类。第一类是跨境电子商务涉及的贸易、商务、运输类，这一类主要是针对跨境电子商务活动中的跨境贸易属性，解决涉及贸易的基础问题，尤其适用于 B2B 类跨境电子商务。第二类是跨境监管对应的有关法律法规、规章制度等，此类主要是针对跨境电子商务过程中的通关、商检、外汇、税务等问题，这对多种跨境电子商务交易和服务都具有约束作用。第三类是电子商务活动相关的法律法规，重点在于电子商务本身一般性的法律问题，其关键在于电子信息技术带来的新技术、新模式。

① 规范对外贸易主体、贸易规范、贸易监管的一般性法律。

跨境电子商务的参与者很多具有贸易主体的地位，对跨境 B2B 电子商务而言，仍然适用于货物贸易的情形。我国出台的最重要的法律基础是《中华人民共和国对外贸易法》（以下简称《对外贸易法》）。在修订后的《对外贸易法》中，规范了贸易参与者、货物进出口、贸易秩序、知识产权、法律责任等内容。从根本上确立了贸易参与者的备案登记，对货物进出口的许可管理和监管，保护知识产权等措施。

与此同时，针对贸易参与者的登记问题，又出台了《对外贸易经营者备案登记办法》，规范了登记需要递交的材料和审核细节。针对货物进出口环节，我国还制

定了《中华人民共和国货物进出口管理条例》，具体规定了对禁止进出口、限制进出口、自由进出口等的管理措施。

② 贸易合同方面的法律。

跨境电子商务的合约除了电子合同的属性外，还具有贸易合同的性质。当前国际上比较重要的公约是《联合国国际货物销售合同公约》，该公约实际规范的是一般贸易形态的，商业主体之间的，非个人使用、非消费行为的货物销售合同订立。该公约具体规范了合同订立行为、货物销售、卖方义务、货物相符（含货物检验行为等）、买方义务、卖方补救措施、风险转移、救济措施、宣布合同无效的效果等。同时，也需要参照我国《中华人民共和国合同法》（以下简称《合同法》）进行规范。我国《合同法》不仅规范了销售合同，而且也对商事代理方面的合同行为提出了专门的条款，对运输过程中的一些问题也做了具体规定。

③ 跨境运输方面的法律法规。

跨境电子商务交易活动后期会涉及较多的跨境物流、运输等问题，也涉及海洋运输、航空运输方面的法律，主要可参照《中华人民共和国海商法》《中华人民共和国航空法》和《中华人民共和国国际货物运输代理业管理规定》。这些法律法规对承运人的责任、交货提货、保险等事项做了具体规定，同时也对国际贸易中的货物运输代理行为做了规范、明确了代理人作为承运人的责任。这部分的法律规范同时还需要与我国的《合同法》进行参照，解决代理合同当中委托人、代理人、第三人之间的责任划分问题。货运代理的代理人身份和独立经营人身份 / 合同当事人的双重身份也需要参照《合同法》进行规范。

④ 产品质量和消费者权益方面的法律和其他规定。

在法律实践中，跨境电子商务常常面临商品质量的问题和纠纷。在贸易过程中，产品 / 商品质量问题和责任需要通过法律来规范，消费者权益需要通过法律进行保护。这些法律对生产者、销售者的责任进行了梳理，以及欺诈、侵权的行为进行了规制。对于跨境电子商务来说，相当多的活动实质上还是跨境贸易活动，相当部分的参与者仍是传统贸易活动中的主体，很多贸易环节、贸易问题对跨境电子商务仍然适用。

（2）跨境电子商务监管相关法律法规

① 通关方面的法律法规。

跨境电子商务所涉及的货物 / 物品需要经过海关的查验。我国出台了《海关法》，并将《中华人民共和国海关企业分类管理办法》（以下简称《海关企业分类管理办法》）和《中华人民共和国海关行政处罚条例》进一步细化。《海关法》涉及海关的监管职责，对进出境运输工具、货物、物品的查验及关税等内容做了规定。《海关企业分类管理办法》对海关管理企业实行企业分类管理，对信用较高的企业采用通关便利措施，对信用较低的企业采取更严密的监管措施。同时，也在通关环节，加强了“知识产权的海关保护”，出台了《中华人民共和国知识产权海关保护条例》及其实施办法。针对目前空运快件、个人物品邮件增多的情况，也出台了一些专门的管理办法，如《中华人民共和国海关对进出境快件监管办法》等。

② 商检方面的法律法规。

跨境电子商务交易中较多货物都需要通过商检的检验环节，目前的依据主要是《中华人民共和国进出口商品检验法》（以下简称《商检法》），涉及商品检验检疫方面的出口、进口的检疫以及监督管理职责。同时依据《商检法》出台了《中华人民共和国进出口商品检验法实施条例》，对商检法各个部分拟定了细则；还出台了一些针对邮递和快件的检验检疫细则，如《进出境邮寄物检疫管理办法》和《出入境快件检验检疫管理办法》等。

③ 外汇管理的有关规定。

跨境电子商务主要涉及外汇管理部门、金融机构的结汇问题，当前的规范主要有《外汇管理条例》等。《外汇管理条例》中所涉及的项目售汇、结汇条文会直接影响到跨境电子商务的部分支付问题。

④ 税收方面的法律法规。

跨境电子商务进出口环节可能会面临征税问题，该类法律法规主要有《中华人民共和国进出口关税条例》（以下简称《进出口关税条例》），以及涉及退税阶段的各类规章制度。《进出口关税条例》在《海关法》和国务院制定的《中华人民共和国海关进出口税则》的基础上具体规定关税征收的细则，包括货物关税税率设置和适用、完税价格确定、进出口货物关税的征收、进境货物的进口税征收等。

7.2.2 国际跨境电商法律法规

1. 马来西亚跨境对外贸易法律法规

马来西亚的跨境电商市场年平均增长率达到134%，而且越来越多外资投入到这个国家。马来西亚对外贸易法律主要有《海关法》《海关进口管制条例》《海关出口管制条例》《海关估价规定》《植物检疫法》《保护植物新品种法》《反补贴和反倾销法》《反补贴和反倾销实施条例》和《外汇管理法令》等。

马来西亚实行自由开放的对外贸易政策，部分商品的进出口会受到许可证或其他限制。

（1）进口贸易管理

马来西亚海关禁止进口令规定了四类不同级别的限制进口。第一类是14种禁止进口产品，包括含有冰片、附子成分的中成药，45种植物药以及13种动物及矿物质药。第二类是需要许可证的进口产品，主要涉及卫生、检验检疫、安全、环境保护等领域，包括禽类和牛肉（必须符合清真认证）、蛋、大米、糖、水泥熟料、烟花、录音录像带、爆炸物、木材、安全头盔、钻石、碾米机、彩色复印机、一些电信设备、武器、军火以及糖精，目前大约有27%的税目产品需要进口许可证。第三类是临时进口限制品，包括牛奶、咖啡、谷类粉、部分电线电缆以及部分钢铁产品。第四类是符合一定特别条件后方可进口的产品，包括动物、动物产品、植物及植物产品、香烟、土壤、动物肥料、防弹背心、电子设备、安全带及仿制武器等。

为了保护敏感产业和战略产业，马来西亚对部分商品实施非自动进口许可管理，所有重型建筑设备进口须经国际贸易和工业部批准，且只有在马来西亚当地企业无法生产的情况下方可进口。马来西亚海关负责发放进口许可证，国际贸易及工业部及其他部门负责进口许可证的日常管理工作。

（2）出口贸易管理

马来西亚规定，除以色列外，大部分商品可以自由出口至任何国家。小部分商品须获得政府部门的出口许可，包括短缺物品、敏感或战略性或危险性产品，以及受国家公约控制或禁止进出口的野生保护物种。此外，马来西亚《1988 年海关令（禁止出口）》规定了对三类商品的出口管理措施。第一类为绝对禁止出口，包括禁止出口海龟蛋和藤条。第二类为需要出口许可证方可出口。第三类为需要视情况出口。第二类和第三类商品大多数为初级产品，如牲畜及其产品、谷类、矿物 / 有害废弃物；第三类还包括武器、军火及古董等。国际贸易与工业部及国内贸易与消费者事务部负责商品出口许可证的管理。

（3）进出口检验检疫的相关规定

马来西亚要求所有肉类、加工肉制品、禽肉、蛋和蛋制品进口必须获得兽医服务局颁发的进口许可证，所有牛、羊、家禽的屠宰场及加工设备必须获得伊斯兰发展署的检验和批准。

（4）海关管理的相关规定

马来西亚海关关税有两大归类系统，一类用于东盟内部贸易，另一类用于与其他国家贸易。国际贸易及工业部下属关税特别顾问委员会负责关税评审，每年在政府预算中公布。

2. 泰国跨境对外贸易法律法规

与东南亚大多数国家的殖民地经历不同，泰国作为一个独立国家的形式一直未受大的破坏，故其法律传统具备浓厚的大陆法系特征，各类法典及成文法规遍及各个领域。

泰国的商法和民法是结合在一起的，其民商法典涵盖了这两个领域的几乎全部规范。但就贸易投资领域而言，泰国尚没有一部专门的对外贸易法，也未形成一套系统、完整的对外贸易法律体系。

泰国与贸易和投资相关的法律法规主要包括《货物进出口控制法》《关税法》《出口商品标准法》《植物扣留法》《反进口倾销法和补贴法》《保障措施法》《外商经营企业法》《投资促进法》《涉外经济法》《对销贸易法》《直销贸易法》《电子交易法》《商业协会法》《外汇管理法》和《商业竞争法》等。以知识产权为主要内容的服务贸易领域还有《商标法》《专利法》《版权法》。

（1）进口管理

泰国对多数商品实行自由进口政策，任何开具信用证的进口商均可从事进口业务。泰国仅对部分产品实施禁止进口、关税配额和进口许可证等管理措施。

① 禁止进口产品主要涉及公共安全和健康、国家安全等的产品，如摩托车旧发动机、博彩设备等。

② 关税配额产品包括桂圆等 24 种农产品，如大米、糖、椰肉、大蒜、饲料用玉米、棕榈油、椰子油、龙眼、茶叶、大豆和豆饼等，但关税配额措施不适用于从东盟成员国的进口。

③ 进口许可分为自动进口许可和非自动进口许可。非自动进口许可产品包括关税配额产品和加工品，如鱼肉、生丝、旧柴油发动机等；自动进口许可产品包括部分服装、凹版打印机和彩色复印机。泰国商业部负责制定受进口许可管理的产品清单。

（2）出口管理

泰国除通过出口登记、许可证、配额、出口税、出口禁令或其他限制措施加以控制的产品外，大部分产品可以自由出口，受出口管制的产品目前有 45 种，其中征收出口税的有大米、皮毛皮革、柚木与其他木材、橡胶、钢渣或铁渣、动物皮革等。

3. 日本跨境对外贸易法律法规

（1）对外贸易相关法律

日本有关对外贸易的法律体系包括作为基本法的《外汇及对外贸易管理法》和具体涉及对外贸易管理的《进出口交易法》，促进对外贸易发展的《贸易保险法》《日本贸易振兴会法》等。此外，根据有关进出口的法律，日本政府还颁布了《输入贸易管理令》和《输出贸易管理令》，在具体操作层面上，还有经济产业省颁布的《输入贸易管理规则》和《输出贸易管理规则》。

《进出口交易法》允许日本的贸易商之间在价格、数量、品质等贸易条件方面协同作战，还可以结成贸易组织（出口协会、进口协会及进出口协会之类），必要时政府可以通过命令的形式对外贸进行调控。该法同时规定要防止不公正的出口贸易，确立对外贸易的秩序，以实现对外贸易的健全发展。以上面的两个法律为基础，日本政府制定的《输入贸易管理令》和《输出贸易管理令》对货物进行了具体的分类，方便加以管理。

（2）贸易管理的相关规定

① 进口管理。

日本绝对禁止进口的商品包括：货币、纸币及有价证券等的伪造品；伤风败俗的书籍图片和雕刻等物品；儿童色情物品；侵害商标权、版权、著作权、外观设计权等的物品；不正当竞争防止法特指的构成不正当行为的物品。

② 出口限制。

对妨碍国际和平安全的特定地区出口的特定种类货物必须报经济产业大臣许可；在维持国际收支及经济贸易健全发展的范围内，对特定种类、出口地及交易相关的货物出口，实施经济产业大臣(部分是海关署长)的自动许可管理；《关税法》《文化财产保护法》规定的其他禁止出口的商品。

7.2.3 跨境电商禁限售规则

违禁商品指法律规定禁止发布的信息及跨境电商平台禁止发布的信息。限售商品指信息的发布或产品的销售应取得行政许可或相关授权的，在取得行政许可或相关授权的前提下，方可依法发布。

1. B2C 平台禁限售规则（以全球速卖通为例）

根据全球速卖通禁限售违禁规则，平台用户不得在全球速卖通平台发布任何违反任何国家、地区及司法管辖区的法律规定或监管要求的商品。表 7-1 为全球速卖通禁限售违禁信息解读。

表 7-1 全球速卖通禁限售违禁信息解读

禁止销售品类	概　述
毒品、易制毒化学品及毒品工具	平台严格禁止发布任何毒品、麻醉药品、精神药品、医疗用毒性药品、易制毒化学品、吸毒工具及制毒工具、戒毒药品和医疗机构制剂的产品信息；违反规定者将受到平台规则及国家法律法规的惩处

（续表）

禁止销售品类	概　述
危险化学品	平台禁止发布有毒、剧毒、易燃、易爆、放射性、消耗臭氧层物质等化学品信息；平台对危险化学品进行严格管控，即使未列入国家规定的名录，也可能进行处罚
枪支弹药	平台禁止发布任何生化、化学、核武器、大规模杀伤性武器，及任何为其提供服务、使用说明、咨询、生产、助剂以及违反国际法相关规定的信息；禁止发布军用武器及设备、枪支弹药及其主要配件、仿真枪及仿真工艺品等危害性商品
管制器具	平台禁止发布任何危害他人人身安全的管制器具；平台有权利对所有被认定为管制器具的产品做下架及扣分处理
军警用品	平台禁止发布中国及海外国家和地区的行政机关、执法部门及交通运输部门的制服、标志、设备及制品
药品	平台严格禁止发布处方药、精神麻醉类药品、有毒中药材、口服性药及含有违禁成分的减肥药及保健品等
医疗器械	医疗器械是指单独或者组合使用于人体的仪器、设备、器具、材料或者其他物品，包括所需要的软件；其用于人体体表及体内的作用不是用药理学、免疫学或者代谢的手段获得，但是可能有这些手段参与并起一定的辅助作用。为了加强对医疗器械的监督管理，保证医疗器械的安全、有效，保障人体健康和生命安全，我国制定了《医疗器械监督管理条例》，国家对医疗器械实行分类管理
色情、暴力、低俗及催情用品	根据多国法律及社会道德标准，平台严格禁止发布任何涉及色情淫秽、儿童色情、暴力及低俗产品
非法用途产品	根据相关法律法规及监管机构的要求，平台禁止发布任何用于非法用途的产品
非法服务	根据各国法律法规及监管机构要求，平台严禁发布任何窃取他人隐私，收集、复制、贩卖他人信息及违法金融、医疗等服务信息
收藏类	根据各国法律法规及监管机构要求，平台严禁发布文物、贵金属、流通货币；平台严格禁止发布任何假币制造材料、工艺及机器设备

（续表）

禁止销售品类	概　述
人体器官、保护动植物及捕杀工具	平台严格禁止平台用户发布禁售涉嫌人体器官交易、保护动植物活体、制成品及非法动物捕杀工具；用户在发布商品时需要遵照濒危野生动植物物种国际贸易公约（CITES）及相关国家法律规定，以确保所发布的商品符合国际公约、会员所在国及司法管辖区的法律规定及网站的特殊规则
危害国家安全及侮辱性信息	平台严格禁止平台用户发布含有反动、破坏国家统一、破坏主权及领土完整、破坏社会稳定、涉及国家机密、扰乱社会秩序的信息，含有宣扬邪教、封建迷信的信息，含有宗教歧视、种族歧视、民族歧视或民族攻击等内容的信息，法律法规禁止出版、发行的书籍、音像制品、视频、文件资料等
烟草	根据各国法律法规及监管机构要求，平台禁止发布烟草制品及电子烟液及相关产品
赌博	根据《全国人民代表大会常务委员会关于维护互联网安全的决定》《互联网管理条例》《全国人大常委会关于加强网络信息保护的决定》等相关法律法规及监管机构的相关规定，平台禁止发布与赌博相关的信息、商品
制裁及其他管制商品	根据各国法律法规及监管机构要求，平台禁止发布受联合国或中国、美国等国家制裁的商品
违反目的国 / 本国产品质量技术法规 / 法令 / 标准的、劣质的、存在风险的商品	根据媒体曝光、政府投诉、各国召回公告等信息，不符合目的国产品质量技术法规 / 法令 / 标准的、劣质的商品，平台禁止发布该类商品

根据荷兰、澳大利亚、加拿大等国的法律法规，银行卡刀具（Credit Card Knife）属于禁止携带的管制刀具，具有危害他人人身安全的风险。因此全球速卖通平台禁止宣传、发布、销售银行卡刀具。一旦发布相关商品信息，则属于平台违规行为。

根据美国消费品安全委员会，欧盟委员会—正义和消费者欧洲委员会，以及加拿大、俄罗斯、新加坡、澳大利亚等国的海关进口标准和商品质量标准等规定，图 7-1 中的产品禁止销售到这些国家。

国家/地区	产品（英文）	产品 (中文)
美国	Hair Dryers	吹风机
	Hoodies & Sweatshirts	儿童帽衫（带有抽绳的儿童帽衫因安全隐患禁止运送）
	Pharmaceutical Machineries	药片压片机
	Pharmaceutical Machineries	药片数片机
	Laboratory Heating Equipments	实验室加热设备
欧盟	Hoodies & Sweatshirts	儿童帽衫
	Laser Pointer/Laser pens	激光笔
	Kitchen Lighters	点火器
	Lighters	打火机
俄罗斯	Lighters	打火机
	Plant Seeds	种子
	Pharmaceutical Machineries	药片压片机
	Pharmaceutical Machineries	药片数片机
	Laboratory Heating Equipments	实验室加热设备
	Smoking accessories	烟斗
	Pharmaceutical Machineries	胶囊填充机
	Pharmaceutical Machineries	胶囊抛光机
	Loose Gemstones	宝石裸石
	Bow & Arrow	弓、矛
澳大利亚	Plant Seeds	种子
	Pharmaceutical Machineries	药片压片机
	Pharmaceutical Machineries	药片数片机
	Laboratory Heating Equipments	实验室加热设备
加拿大	Walkers	学步车
新加坡	Gun accessories	枪支配件
	Toy guns	玩具枪

图 7–1　具体产品及禁止运送的国家

2. B2B 平台禁限售规则（以敦煌网为例）

敦煌网卖家禁止销售国家法律法规禁止销售、买家所在国家的法律规定禁止销售，或根据敦煌网平台要求禁止销售的商品。表 7–2 为敦煌网禁售产品类目。

表 7–2　敦煌网禁售产品类目

产品类别	禁售产品及信息	说明及举例（不仅限于以下举例）	违规类型
毒品类	毒品、麻醉品、制毒原料、制毒化学品、致瘾性药物	罂粟花种子、白粉、海洛因等	严重
	帮助走私、存储、贩卖、运输、制造、使用毒品的工具	大麻生长灯等	严重
	制作毒品的方法、书籍	—	严重
	吸毒工具及配件	—	严重

（续表）

产品类别	禁售产品及信息	说明及举例（不仅限于以下举例）	违规类型
枪支武器类	核武器等大规模杀伤性产品	弹药、军火等	严重
	枪支及枪支配件	真枪、消音器、枪托、子弹匣、握把、扳机等	严重
	仿真枪及枪支附件	气枪、钢珠抢、彩弹枪及任何形式的伪装枪、枪瞄仪等	一般
	防弹防刺背心、头盔	—	一般
Ⅲ类医疗器械 / 药品	处方药、非处方药、中草药	药膏、喷雾类药品、催情、延时功能的药膏、喷雾、精油类性保健品、减肥药膏、艾叶香薰等	严重
	Ⅲ类医疗器械	医用针管注射器、隐形眼镜、牙齿美白胶、牙齿美白剂等	一般
	制药设备	制药模具、药品压片机、胶囊抛光机、胶囊填充机等	严重
特殊用途化妆品	祛斑、防晒、美白、祛皱、消炎等治愈治疗效果的化妆品	睫毛增长液、美白膏等	严重
	育发、染发、烫发类产品	育发剂、染发剂等	一般
	脱毛、美乳、健美、除臭类产品	脱毛蜡、丰胸膏等	一般
影响社会治安类	管制刀具及其伪装刀具	匕首、三棱刮刀、跳刀、血槽刀、皮带刀、银行卡刀、口红刀等	一般
	弓弩	—	一般
	开锁器	—	一般
化学品类	易燃易爆物品	烟花、爆竹、灭火器、石棉及含有石棉的产品、固体酒精、油漆、火柴、打火石等	严重
	化学品	高锰酸钾、硝酸铵等	严重
	点火器及配件	含有可燃气体或液体的打火机等	严重

（续表）

产品类别	禁售产品及信息	说明及举例（不仅限于以下举例）	违规类型
色情暴力	含有露骨情色、淫秽或暴力内容的产品	含有色情淫秽内容的书籍、音像制品及视频等（不包括成人用品图片展示违规，如情趣内衣产品模特姿势展示不雅等）	严重
	未成年人色情	年幼充气娃娃	严重
	宣传血腥、暴力及不文明用语	—	一般
安全隐患类	容易导致他人受伤的产品或防身器具	安全气囊、飞镖、尖锐指尖陀螺、电击棍棒、手电或电击玩具、强力磁铁组件（球形、立方体或长方体等形状）玩具等	一般
烟酒类	烟类	香烟、烟草、戒烟贴、烟油、卷烟纸等	严重
	酒类	白酒、红酒、鸡尾酒等	严重
货币类	流通货币、伪造变造的货币以及印制设备的产品	美元、英镑、假币、印钞机等	严重
	虚拟货币	比特币、莱特币、比奥币、狗币等	一般
	面值纪念币、流通纪念币	含有数值的纪念币	一般
国家保护文物	古文物、化石及其他收藏品	青铜器、古币等	严重
	不可预估价值的产品	—	严重
人体器官/动植物	人体器官、遗体	肾脏、肝脏等	严重
	动植物的活体及其器官或其他制成品	皮毛、标本、象牙制品等	一般
	非法动物捕杀工具	电鱼机、鱼枪、电击狗项圈等	一般
金融类	POS 机、读卡刷卡器	POS 刷卡机等	一般
	信用卡银行卡信息	信用卡或借记卡	严重
	制卡机设备	—	一般
	金融证券等	—	严重

（续表）

产品类别	禁售产品及信息	说明及举例 （不仅限于以下举例）	违规类型
电子类	间谍类窃照设备	隐藏式相机（纽扣相机等）	一般
	窃听专用器材	sim 卡窃听器、窃听隐形耳机、手机窃听器、偷听装置等	一般
	芯片解码器	—	一般
	信号干扰器	手机信号屏蔽器、手机信号助推器、中继器、GPS 屏蔽器、反 GPS 追踪器、雷达探测器、雷达干扰装置、激光干扰设备、交通灯信号控制装置、CB 放大器、无线电话、Wi-Fi 信号增强器、FM 调频发射机（有效射程为 11~13 米）、AM 发射机（有效射程为 61~76 米）等	一般
	AIS 设备	AIS 网浮标跟踪设备、AIS 接收器、AIS 雷达等	一般
	升级存储设备	内存超过 256GB 升级 U 盘、升级内存卡、升级硬盘等	一般
	用来获取需授权方可访问的内容的译码机或其他设备	如包含 Kodi 及 XBMC 软件的流媒体播放设备	一般
	大功率激光笔	5MW 以上的激光笔、0.39MW 以上的儿童激光玩具产品等	一般
出版物产品	传播文化知识的媒体	教科书、电子书、期刊、杂志、布书、着色书、乐谱、纹身类书籍、地图、魔术书、食谱、早教类书籍、DVD/VCD/CD 等电视剧、电影、音乐、电脑软件、魔术视频、游戏软件、游戏卡、游戏盘等	严重
政治信息类	反动、破坏国家统一，泄露国家机密的产品	—	严重
	宣传邪教思想的产品	法轮功书籍等	严重
	容易引起种族歧视、仇恨的产品	带有希特勒头像的纪念币等	一般
	国徽、国家领导人肖像	印有中国国徽 / 中国国家领导人的杯子等	严重

（续表）

产品类别	禁售产品及信息	说明及举例 （不仅限于以下举例）	违规类型
服务类	任何服务	洗钱、色情、贩卖人口、泄露商业、医疗、保健、挂号、讨债、加粉丝或听众服务等	严重
	政府机构颁发的文件、证书、公章、勋章，用于伪造、变造相关文件的工具	邮资盖印机等	严重
赌博类	在线赌博信息	—	严重
	赌博机器	老虎机	严重
警用品	警用装备	警棍、警用手电筒、警用制服、警车等	一般
虚拟类产品	礼品优惠券、彩票、活动票券等	—	一般
食品饮料	食品及食品添加剂	奶粉、保健食品、饮料、蜜饯等	一般
违规描述	产品图片或产品描述中包含涉及禁销品类的关键词或产品图片	电子烟描述中含有weed、marijuana、THC、hemp 等药品关键词；服装产品展示大麻叶；玩具产品展示药丸等	一般

限制销售的产品，指需要取得商品销售的前置审批、凭证经营或授权经营等许可证明，才可以发布的产品。卖家须将已取得的合法许可证明提前提交至敦煌网授权邮箱进行审核，审核通过后，方可发布。表 7-3 为敦煌网限制销售产品目录。

表 7-3　敦煌网限制销售的产品目录

产品类别	需提供销售许可证书	说明及举例	违规类型
Ⅰ类、Ⅱ类医疗器械	需同时提供如下销售许可证书： ①持有中国国家食品药品监督管理总局的医疗器械经营许可证或医疗器械经营备案证 ②需持有美国食品药品监督管理局的 FDA 认证或 510k 报告	听诊器、体温计、血压计、血氧仪等	一般

（续表）

产品类别	需提供销售许可证书	说明及举例	违规类型
食品饮料	需同时提供如下销售许可证： ① 生产型企业必须提供《出口食品生产备案证》，贸易型企业须提供《食品经营许可证》及《出口食品生产备案证》与其相关授权及进货证明文件（合同、发票等） ② 须符合进口国家要求，如销往美国须提供 FDA 认证；销往加拿大须提供 CFIA 认证	包装食品、休闲食品、茶件等	一般

7.3 阿里巴巴国际站相关规定

7.3.1 知识产权侵权行为

1. 知识产权侵权行为

知识产权侵权行为，是指行为人的行为客观上侵害他人知识产权的财产权或人身权，应承担民事责任的行为。阿里巴巴国际站平台严禁用户未经授权发布、销售涉及第三方知识产权的商品。

知识产权侵权行为包括但不限于以下三类：

① 著作权侵权。未经著作权人同意，又无法律上的依据，使用他人作品或行使著作权人专有权的行为，以及其他法律规定的损害著作权人合法权益的行为。

② 商标侵权。未经商标权人的许可，在商标权核定的同一或类似的商品上使用与核准注册的商标相同或相近的商标的行为，以及其他法律规定的损害商标权人合法权益的行为。

③ 专利侵权。未经专利权人许可，以生产经营为目的，实施了依法受保护的有效专利的违法行为。

侵犯知识产权的行为，包括但不限于以下表现行为：

① 产品标题、描述或店铺名称使用知名品牌名称或衍生词，或明示模仿某知名品牌。

② 产品图片中含有知名品牌名称或衍生词、Logo 或相似 Logo，使用图片处理工具遮掩全部或部分 Logo。

③ 模仿知名品牌代表性图案、底纹或款式的疑似产品。

④ 卖家产品链接被知识产权所有人或拥有合法权利人授权的第三方代理机构投诉未能提供有效、合理证明。

⑤ 音像制品，中国内地会员须提供相关政府部门颁发的音像制品经营许可证，未能提供的。

⑥ 原设备厂商软件、学术软件等，须提供相关政府部门颁发的有效销售许可证明，未能提供的。

⑦ 其他侵犯第三方知识产权的行为。

2. 知识产权侵权行为的影响

知识产权侵权有以下影响：

① 面临权利人的高昂民事诉讼索赔的风险。

② 面临海关行政处罚（包括罚金、降级、货物没收销毁等）的风险。

③ 对于金额高、影响恶劣的案件存在被追究刑事责任的风险。

④ 货物被海关扣留导致的仓储费、码头费等相关额外费用。

⑤ 货物被海关扣留导致的延误船期、延误交货日期、信用证过期（如付款方式为信用证）等风险。

⑥ 其他不确定风险。

7.3.2 知识产权侵权行为的处理

1. 侵权行为分类

阿里巴巴国际站用户不得利用网站服务从事侵犯他人知识产权的行为。其中包括以下两种：

（1）一般侵权行为

① 在所发布的产品信息、店铺或者域名中不当使用他人商标权、著作权等权利。

② 发布、销售产品时不当使用他人商标权、著作权等权利。

③ 所发布的产品信息或者所使用的其他信息造成用户混淆或者误认等情形。

（2）严重侵权行为

① 未经著作权人许可复制其作品并进行发布或者销售，包括图书、音像制品、计算机软件等。

② 发布或者销售未经产品来源国注册商标权利人或者其被许可人许可生产的产品。

2. 知识产权侵权行为的处理

（1）一般侵权行为的处理

阿里巴巴国际站一般侵权行为的处理如表 7–4 所示。

表 7–4 阿里巴巴国际站一般侵权行为的处理

	触发原因	扣分计算方式
一般侵权行为	权利人投诉	6 分 / 次 首次被投诉不扣分，基于同一知识产权且发生在首次被投诉后 5 天内的投诉算一次；第 6 天开始，每次被投诉扣 6 分，一天内若被同一知识产权多次投诉扣一次分 所有时间以投诉受理时间为准
	国际站抽样检查	每退回 1 次扣 2 分，一天内扣分不超过 6 分 如一般侵权行为情节严重的，每退回 1 次扣 4 分，一天内扣分不超过 12 分
此处所指的“投诉”均指成立的投诉，即被投诉方被投诉，在规定期限内未发起反通知；或者虽发起反通知，但反通知不成立		

（2）严重侵权行为的处理

阿里巴巴国际站严重侵权行为的处理如表 7–5 所示。

表 7–5 阿里巴巴国际站严重侵权行为的处理

	累积被记振次数	处理方式
严重侵权行为	1 次	限权 7 天 + 考试 若考试未在 7 天内通过最长限权 30 天
	2 次	限权 14 天 + 考试 若考试未在 14 天内通过最长限权 60 天
	3 次	关闭账号

（续表）

①针对国际站上的严重侵权行为实施“三振出局”制，即每次针对用户严重侵权行为的投诉记振一次；三天内如果出现多次针对同一用户的严重侵权行为投诉，记振一次，时间以第一次投诉的受理时间开始计算。若针对同一用户记振累计达三次的，则关闭该用户账号 ②此处所指的“投诉”均指成立的投诉，即被投诉方在规定期限内未发起反通知；或者虽发起反通知，但反通知不成立 ③除被三振关闭账号外，被记振的用户需进行知识产权学习及考试。通过考试的用户可以在限权期限届满后恢复账号正常状态 ④严重侵权行为的记振次数按行为年累计计算，行为年是指每项严重侵权行为的处罚会被记录 365 天 ⑤当情况特别显著或极端时，国际站保留对用户单方面解除会员协议或服务合同、直接关闭用户账号以及国际站酌情判断与其相关联的所有账号，及 / 或实施其他国际站认为合适措施的权利 “情况特别显著或极端”包括但不限于： · 用户侵权行为的情节特别严重 · 权利人针对国际站提起诉讼或法律要求 · 用户因侵权行为被权利人起诉、被司法、执法或行政机关立案处理 · 因应司法、执法或行政机关要求国际站处置账号或采取其他相关措施

7.3.3 阿里巴巴国际站禁限售规则

阿里巴巴国际站禁止发布任何含有或指向性描述禁限售信息。任何违反本规则的行为，阿里巴巴有权依据《阿里巴巴国际站禁限售规则》进行处罚。

1. 违禁信息列表

阿里巴巴国际站的用户不得在平台发布任何违反国家、地区及司法管辖区的法律规定或监管要求的产品。表 7–6 为平台禁止发布或限制发布的部分信息列表，仅供用户参考。

表 7–6 禁限售产品部分信息类表

毒品、易制毒化学品及毒品工具	危险化学品
枪支弹药	管制器具
军警用品	药品
医疗器械	非法用途产品
色情、暴力、低俗及催情用品	非法服务

（续表）

人体器官、保护动植物及捕杀工具	收藏类
危害国家安全及侮辱性信息	烟草
制裁及其他管制产品	赌博
违反目的国产品质量、技术法规 / 法令 / 标准的、劣质的、存在风险的产品	

2. 违规处理

阿里巴巴国际站有权根据发布信息本身的违规情况及会员行为做加重处罚或减轻处罚的处理，卖家账号处罚标准如表 7-7 所示。

恶意行为包括但不限于采用对产品信息隐藏、遮挡、模糊处理等隐匿的手段，采用暗示性描述或故意通过模糊描述、错放类目等方式规避监控规则，同时发布大量违禁产品、重复上传违规信息、恶意测试规则等行为。

对于被认定为恶意行为的一般违规会做加重处罚处理，若发现同类重复违规行为，二次处罚分数加倍，同时，对于恶意违规行为也将视情节的严重性做加重处罚处置，当达到一定程度的严重违规，将关闭卖家账号。

表 7-7 卖家账号处罚标准

累计罚分	处罚方式	备注
6 分	严重警告	邮件通知
12 分	搜索屏蔽 7 天 & 旺铺屏蔽 7 天	邮件通知和系统处罚
24 分	搜索屏蔽 14 天 & 旺铺屏蔽 14 天	
36 分	搜索屏蔽 21 天 & 旺铺屏蔽 21 天	
48 分	关闭账号	—
①分数按行为年累计计算，行为年是指每项违规等级的扣分都会被记 365 天；已被关闭账号处罚的除外 ②用户累计罚分达到 24 分或以上的，阿里巴巴有权拒绝或限制用户参加阿里巴巴国际站的各类推广、营销活动或产品 / 服务的使用 ③用户违规情节特别严重（包括但不限于采用对产品信息隐藏、遮挡、模糊处理等隐匿的手段规避平台管理，经平台合理判断账号使用人本人或其控制的其他账号已因严重违规事件被处罚，账号使用人本人或其控制的其他账号被国内外监管部门立案调查，或虽未立案但平台有理由认为有重大嫌疑等严重影响平台管理秩序或造成一定负面影响的情况），阿里巴巴有权立即单方解除合同、关闭账号、且不退还剩余服务费用；并有权做出在阿里巴巴国际站及 / 或其他媒介进行公示、给予关联处罚及 / 或永久不予合作等处理		

本章小结

本章主要介绍了知识产权及跨境电商相关法律法规，通过本章的学习，让读者不仅对知识产权有全面了解，并且对中国跨境电商政策法规和跨境电商禁限售规则有一定的认知。了解知识产权规则、国际跨境电商法律法规；分析阿里巴巴国际站知识产权侵权的行为和影响，并掌握知识产权侵权的预防措施，从而帮助读者利用法律手段保护自己的知识产权权利。

第8章 国际贸易通关

国际贸易货物的通关是国际贸易交易流程的基本环节之一，也是海关监管对外贸易的一项重要内容。在21世纪的今天，经济全球化的浪潮已势不可当，经营环境也愈发复杂。随着国际企业本土化、国内企业国际化的发展趋势，我国进出口贸易额迅速增长，已发展为世界贸易大国，每年涌现出大批量的国际贸易业务需要办理报关与通关手续。海关作为国家对商品进出境监督管理机关，面临着更多的机遇与挑战。

知识目标

1. 了解我国跨境电商的通关政策。

2. 了解国际通关政策。

3. 了解国际贸易通关模式及其优势。

4. 了解报关的内容及相关规定。

5. 熟悉我国海关报关程序。

6. 理解报关与清关的区别。

能力目标

1. 具备识别中国海关禁止进出境物品的能力。

2. 能根据海关规定完成进出口货物通关。

8.1 通关概况

8.1.1 我国跨境电商通关政策

1. 通关制度的法律依据

跨境电子商务所涉及的货物 / 物品需要经过海关的查验。《中华人民共和国海关法》（简称《海关法》）是中国海关执法的基本依据。《海关法》规定：进出境运输工具、货物、物品，必须通过设立海关的地点进境或者出境。进口货物自进境起到办结海关手续止，出口货物自向海关申报起到出境止，过境、转运和通运货物自进境起到出境止，应当接受海关监管。中国海关根据《海关法》和国家有关进出口的政策、法律和相关规定，监督管理货物和运输工具的合法进出，检查并处理非法进出、逃避关税等走私违法活动。海关监管货物，未经海关许可，不得开拆、提取、交付、发运、调换、改装、抵押、质押、留置、转让、移作他用或者进行其他处置。

2. 中国海关禁止的进出境物品

（1）禁止进境物品

① 各种武器、仿真武器、弹药及爆炸物品；

② 伪造的货币及伪造的有价证券；

③ 对中国政治、经济、文化、道德有害的印刷品、胶卷、照片、唱片、影片、录音带、录像带、激光视盘、计算机存储介质及其他物品；

④ 各种烈性毒药；

⑤ 鸦片、吗啡、海洛因、大麻以及其他能使人成瘾的麻醉品、精神药物；

⑥ 带有危险性的病菌、害虫及其他有害生物的动物、植物及其产品；

⑦ 有碍人畜健康的、来自疫区的以及其他传播疾病的食品、药品或其他物品。

（2）禁止出境物品

① 列入禁止进境范围的所有物品；

② 内容涉及国家秘密的手稿、印刷品、胶卷、照片、唱片、影片、录音带、录像带、激光视盘、计算机存储介质及其他物品；

③ 珍贵文物及其他禁止出境的文体；

④ 濒危的和珍贵的动物、植物（均含标本）及其种子和繁殖材料。

3. 跨境电商进出口流程

海关是国家进出关境的监督管理机关，是跨境电商面临的第一道关卡，如不能顺利通关则无法完成交易。为了及时做好贸易进出口应对处理，需要对跨境电商进出口流程有一定了解。

跨境电子商务分为出口跨境电子商务和进口跨境电子商务。进口跨境电子商务是指海外卖家将商品直销给国内的买家，一般是国内消费者访问境外商家的购物网站选择商品，然后下单，由境外卖家发国际快递给国内消费者，如图 8-1 所示为跨境电商进口流程；出口跨境电子商务是指国内卖家将商品直销给境外的买家，一般是国外买家访问国内商家的网店，然后下单购买并完成支付，由国内商家发国际物流至国外买家，如图 8-2 所示为跨境电商出口流程。

保税区是经国务院批准设立的、海关实施特殊监管的经济区域，实行封闭式管理。外国商品存入保税区，不必缴纳进口关税，只需缴纳存储费等少量费用，当需要给消费者发货的时候，再进行完税清关。

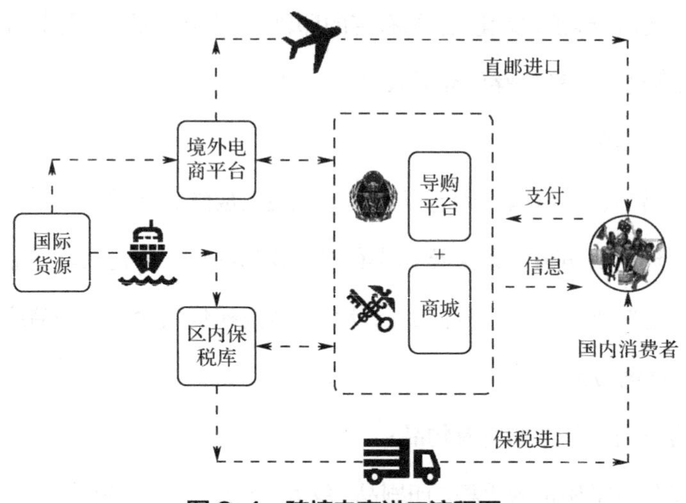

图 8-1 跨境电商进口流程图

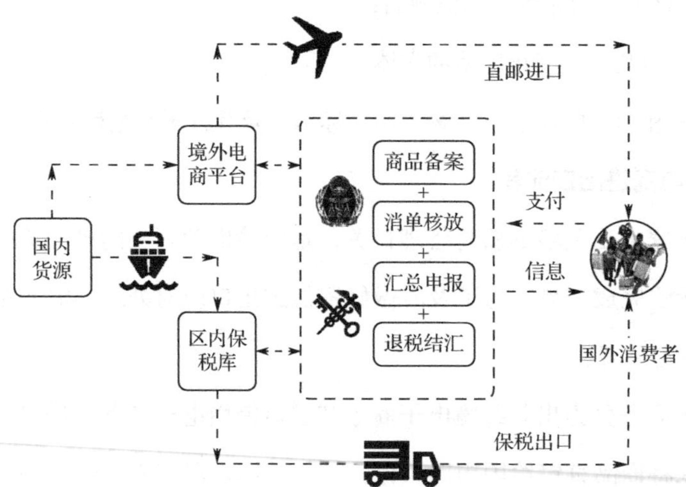

图 8-2 跨境电商出口流程图

保税进出口是商品先从海外大批量运至保税区存放，当购买发生时及时清关发货，优点是到货时效快，海关监管保证质量，方便退换货；缺点则是商品的种类可能比较少。例如，一般销量比较大如母婴用品等商品会选择保税仓备货模式。

直邮进出口是商家收到订单后，直接通过快递发货，清关，入境的消费形式；速度相对要慢一些，费用可能会更高，但是商品的种类比较多，很多国外的商品都可以买到。

4. 我国跨境电商通关政策

跨境电子商务的本质是“互联网 + 外贸”，在进行贸易活动时物权的最终转移是在线上实现的，具有批量小、频次高、品种多的新特征，容易造成海关通关效率低下、出口退税困难、结汇渠道不畅等问题，成为跨境电商发展的阻碍。为促进跨境电商有序发展，国家、海关及相关部门近年来有针对性地出台了一系列政策法规，涉及进出口商品监管、出口退税、检验检疫、支付结汇、设立跨境电商试点城市等多个方面，支持力度持续加大。

（1）商品监管

通过出台跨境电子商务通关监管政策，促进跨境贸易电子商务进出口业务发展，方便企业通关，规范海关管理，增强我国跨境电子商务的生长力与国际竞争力。表 8-1 为我国商品监管相关法律法规一览表。

表 8-1 我国商品监管相关的法律法规

法律法规（通关监管）	核心内容	发文单位
《海关总署公告 2014 年第 12 号》	新增“电商 9610”编码，清单核放、汇总申报	海关总署
《海关总署公告 2014 年第 57 号》	增列“保税电商 1210”编码，保税模式获认可	海关总署
《关于深化检验检疫监管模式改革，支持自贸试验区发展的意见》	明确电商经营主体的质量安全责任，实行全申报管理 建立责任追溯体系和先行赔付制度 明确禁止以跨境电子商务形式入境的物品名录	国家质检总局
《关于促进跨境电子商务健康快速发展的指导意见》	支持跨境电子商务零售出口企业加强与境外企业合作 提供适合的信用保险服务 培育跨境电商综合服务企业，提供全面配套支持	国务院办公厅
《海关总署公告 2015 年第 58 号》	规定了进口保税业务只能在保税备货试点城市进行 规范跨境进口电商市场，规避了部分灰色通道进口	海关总署
《海关总署公告 2015 年第 55 号》	规定除因网络系统等技术原因无法通过预录入系统办理报关单，海关不再以纸质方式办理报关单有关业务	海关总署

（2）进出口税收

通过出台跨境电商进出口税收政策，有效解决跨境电商出口退税难题，不仅可以有效缓解企业资金困境、提升企业扩大规模的信心，对鼓励自有品牌走向海外也具有积极意义。表 8–2 为我国进出口税收相关法律法规一览表。

表 8–2 进出口税收相关的法律法规

法律法规（进出口税收）	核心内容	发文单位
《关于跨境电子商务零售出口税收政策的通知》（财税〔2013〕96 号文件）	适用于自建跨境电商平台的电商企业和利用第三方跨境电商平台开展业务的企业 对符合条件的跨境电子商务零售出口企业执行增值税、消费税退（免）税和免税政策	财政部 国家税务总局
《关于降低进口产品关税试点、税制改革和恢复增设口岸免税店的相关政策》	对部分国外日用消费品降低进口关税，逐步扩大降税商品范围，完善大众消费品的消费税政策 增设和恢复口岸进境免税店，方便对境外旅客购物通关和退税便利化 支持线下体验店发展，规范市场秩序等措施	国务院
《关于调整进境物品进口税有关问题的通知》	将之前行邮税的四档税目（对应税率分别为 10%、20%、30%、50%）调整为三档（15%、30%、60%）	财政部关税司
《关于跨境电子商务零售进口税收政策的通知》	商品按照货物征收关税和进口环节增值税、消费税 商品的单次交易限值为人民币 2 000 元，个人年度交易限值为人民币 20 000 元 在限值以内进口的商品，关税税率暂设为 0%，进口环节增值税、消费税取消免征税额，暂按法定应纳税额的 70% 征收 超过单次限值、累加后超过个人年度限值的单次交易，以及完税价格超过 2 000 元限值的单个不可分割商品，均按照一般贸易方式全额征税	财政部 海关总署 国家税务总局

（3）支付结汇

通过出台针对跨境电商支付结售汇方面的政策，有效解决跨境电商结汇渠道不畅问题。随着国家逐步允许跨境电商通过第三方支付平台直接转入外汇，跨境电商结汇也将更加方便、快捷。表 8–3 为我国支付结汇相关法律法规一览表。

表 8-3 支付结汇相关的法律法规

法律法规（支付结汇）	核心内容	发文单位
《跨境贸易人民币结算试点管理办法》	对跨境贸易人民币结算试点的业务范围、运作方式、试点企业，清算渠道等做了具体规定	中国人民银行
《支付机构跨境外汇支付业务试点指导意见》	规范支付机构跨境互联网支付业务，防范互联网渠道外支付风险	国家外汇管理局
《关于开展支付机构跨境外汇支付业务试点的通知》	将支付机构跨境外汇支付业务试点范围扩展至全国 允许支付机构为跨境电子商务交易双方提供外汇资金收付及结售汇服务 将网络购物单笔交易限额由等值 1 万美元提高至 5 万美元	国家外汇管理局

（4）设立跨境电商试点城市

2015 年 3 月 17 日，国务院发布了《国务院关于同意设立中国（杭州）跨境电子商务综合试验区的批复》。2016 年 1 月 6 日，国务院常务会议决定在天津、上海、重庆、合肥、郑州、广州、成都、大连、宁波、青岛、深圳、苏州这 12 个城市设立第二批跨境电子商务综合试验区，用新模式为外贸发展提供新支撑。2018 年 8 月 7 日，国务院发布了《关于同意在北京等 22 个城市设立跨境电子商务综合试验区的批复》。这意味着，继杭州、天津等 13 个跨境电子商务综合试验区成立后，又将有 22 个城市设立跨境电子商务综合试验区。至此，我国跨境电子商务综合试验区的数量增加至 35 个，基本覆盖了主要的一、二线城市。跨境电商城市试点政策实施以来，各试点城市也逐步探索出了适合自己的优化通关新途径，其中不乏值得学习和借鉴的亮点。表 8-4 为部分跨境电商试点城市对比。

表 8-4 部分跨境电商试点城市对比

代表城市	直邮进口模式	保税进口模式	一般出口模式	保税出口模式	特色平台 / 代表电商	优化通关亮点
重庆	√	√	√	√	E 点即成	推行“全程电子通关”和“汇总纳税、清单验放”作业模式，优化监管流程

（续表）

代表城市	直邮进口模式	保税进口模式	一般出口模式	保税出口模式	特色平台/代表电商	优化通关亮点
广州	√	√	√	√	跨境易 21 世纪海上丝绸之路	率先试行跨境电商备案制管理，最大限度降低企业开展跨境电商业务的门槛
上海	√	√	√		跨境通	直邮中国和保税备货模式在保税区、自贸区，推进前店后库的新型贸易模式；推动产地直达的贸易模式
宁波		√	√		跨境购	依托强大的物流系统，率先探索发展跨境进口模式
杭州	√	√	√		跨境一步达、 速卖通、 天猫国际等	电商产业链完整，率先运用云技术对进出口商品质量进行风险监测、责任追溯、属地查处和信用管理等监管
郑州		√		√	E 贸易、 聚美优品、 京东国际	首创将保税监管模式、邮件监管模式、快件监管模式集合成新的“1210 监管模式”
深圳	√	√	√	√	前海湾保税港	“快速通关、事后缴税”，提前备案、保税监管、分类审核、清单验放、汇总核销的新型监管模式

8.1.2 国际通关政策

1. 亚洲地区

① 新加坡：对申报金额大于 400 新加坡币（约 320 美元）的包裹征收关税。报关手续由收货人或其代理人通过 TradeNet 系统办理。作为收货人的代理人办理报关手续的货代或报关行必须已在新加坡海关注册登记，并通过 TradeNet 系统拿到了代理报关许可证。

② 马来西亚：所有进出口货物，应税与否，均须以书面形式填制相应报关单申报。自 2010 年 1 月 1 日起，中国与马来西亚 90% 以上的产品实现了零关税。

③ 日本：对价值低于 1 000 日元的包裹免收关税。日本《海关法》规定：一般

情况下，应在进出口货物运入保税区域后，再向海关申报。2013 年 10 月日本海关实行无纸通关，企业既可选择通过“NACCS”系统提交通关电子单证，也可直接向海关提交纸质单证。从实际操作数据看，日本较少出现包裹被查的情况，建议采用 DHL 或 EMS 寄送。

④ 印度：在印度，如果进出口商没有获得印度外贸总局（DFGT）颁发的 IEC 代码（Importer and Exporter Code），其进口货物是不允许入境的。但进口自用物品不需要 IEC 代码。在实现信息化的海关（德里机场海关、孟买港海关），舱单（载货清单）申报和进出口报关单申报均须以电子方式提交。从实际操作数据来看，适合采用 DHL 和 FedEx 寄送，签收状况良好。

⑤ 菲律宾：对于进口货物没有设定免征额度，对所有包裹都可能征收关税，存在征税不确定性，进口关税税率一般为 3%~30%。但根据东盟内部协议规定，对东盟成员国的全部产品进口实行零关税。

2. 北美洲地区

① 美国：美国海关扣关率低，对快递包裹通关比较快，对低于 200 美元的包裹免征关税，但同时由于美国的法律体系比较健全，对涉及个人用品安全和健康问题的货物查验严格。从数据来看，EMS 对所有产品清关都比较容易；DHL 和 FedEx 对一些无线电类的电子产品查得相对严一些。

② 加拿大：加拿大奉行自由贸易政策，没有外汇限制，只有少数商品需要进口许可证，进口商品一般都需要缴纳进口关税。加拿大海关比较严格，扣关率高，对产品的类别没有限制，对于申报价值审查严格。不论 EMS、DHL、FedEx 都有因低申报被征收关税的情况，并且海关重新估价很高；但对低价值的物品，清关则比较容易。

3. 南美洲地区

① 墨西哥：进口关税的税率从免税至 20% 不等，关税减免清单中所列产品经常会有所调整。墨西哥海关清关相对较为容易，但货物一旦被海关发现低申报，将在没有任何通知的情况下退回或弃件，产生的一切费用由发件人承担，同时不允许延期。

② 巴西：巴西的海关事务由财政部下属联邦税务总局具体负责，所有货物的报

关程序均需通过巴西外贸网络系统（Siscomex）进行。巴西海关根据风险分析对报关货物实行抽检的审查方式，即按照绿色、黄色、红色三种不同颜色分类处理。绿色即报关货物可全部免检，并自动通关；黄色即仅检查报送文件，若被核实，货物则自动通关；红色即报关文件和货物均需进行检查后方能通关。从现在的资料和市场上的反映来看，巴西属于全球最难清关的国家之一，除航空小包裹外的所有包裹经常被查到，尤其是 FedEx 和 DHL，同时需要提供收件的 VAT 登记号。

4. 欧洲地区

欧盟作为世界上强大的经济体之一，经过几次扩大，现有成员国 27 个：奥地利、比利时、保加利亚、塞浦路斯、克罗地亚、捷克共和国、丹麦、爱沙尼亚、芬兰、法国、德国、希腊、匈牙利、爱尔兰、意大利、拉脱维亚、罗马尼亚、立陶宛、卢森堡、马耳他、荷兰、波兰、葡萄牙、斯洛伐克、斯洛文尼亚、西班牙、瑞典。

欧盟成员国海关实施同一《海关法典》。根据《海关法典》和《欧共体第 2454/93 号条例》，自 2007 年 1 月 1 日起，欧盟所有成员国进出口货物，必须使用“欧盟统一报关单”进行报关。自 2009 年 7 月 1 日起，必须全面实行电子报关。

欧盟对免税申报金额较低，大于 22 欧元的包裹就开始收税，因此常会有包裹因低申报被查。目前，欧盟对出口货物不征收出口关税、出口环节税或其他税费。

5. 大洋洲地区

① 澳大利亚：对于进口的包裹类货量查验相对宽松，对低于 1 000 澳元的包裹免征关税，除对一些违禁和原木制品外，清关比较容易。

② 新西兰：进出口申报须以电子方式进行，新西兰进口可能征收的关税为 Duty 和 Gst，当 Duty 和 Gst 的总和不足 60 新币时无须征收。从目前的资料看，新西兰通关时被海关检验到的包裹较少，通关较为容易。

8.1.3 通关模式对比

1. 无纸报关

（1）概念

出口无纸通关，就是利用中国电子口岸及现代海关业务信息化管理系统功能，改变海关以往凭企业递交书面报关单及随附单证办理出口通关手续的做法，直接对企业联网申报的出口货物电子报关数据进行无纸审核、验放处理的口岸通关模式。

（2）优势

针对出口通关涉证种类少、应税商品少、通关时效要求高等特点，出口无纸通关模式在其出口通关作业流程、作业方式等方面进行了创新和改革：采取企业联网申报，海关进行电子数据审核、电子信息验放的通关全过程信息化处理方式实现无纸作业，改变海关验核纸面单证的作业模式，简化了现场接单审核环节，海关监管更加严密，企业通关更加便捷。

（3）步骤

第一，企业对不涉证、不涉税的报关单进行预录入，选择无纸模式；第二，审结后直接到现场放行；第三，口岸海关根据电子放行信息放行货物；第四，事后7天内，到现场递交有关单证。

2. 多点报关

（1）概念

“多点报关，口岸验放”通关模式是企业对其在同一关区内各口岸进出口的货物可以选择关区内任一海关报关，由申报地海关办理接单审核、征收税费等通关手续，口岸海关对货物进行实货验放的一种通关方式。

（2）优势

① 突破了出口货物先入场站再报关的限制，企业可提前报关、自主安排货物运输时间。

② 货物运输不使用海关监管车辆、不施加海关封志，降低运输成本。

③ 货物查验时，海关凭报关电子信息实施查验，不需要纸质单据。

3. 区域通关

（1）概念

“属地申报、口岸验放”是指符合海关规定条件的守法水平较高的企业，在其货物进出口时，可以自主选择向其属地海关申报纳税，在货物实际进出境地海关办理货物验放手续的一种通关方式。目前，可以实行此种模式的企业为符合海关规定条件的守法水平较高的A类企业。

（2）优势

① 通关程序简捷，真正实现“一次申报、一次查验、一次放行”。

② 实现进出口提前报关，进口货物在运输工具抵港前，出口货物在确定出口商品名称、数量之后即可向海关申报。

③ 收付汇及退税快捷，企业在属地海关办理退税、结汇、付汇等手续时，操作便利。

④ 通关成本降低，企业在当地海关申报，可节省大量口岸通关事务产生的费用。

⑤ 运输便利，除布控查验等特殊情况外，进出口货物无须使用海关监管车辆承运。

4. 电子化手册

（1）概念

纸质手册电子化是海关适应当前加工贸易新形势、新发展的需要，从简化手续、方便企业的角度出发，运用现代信息技术和先进的管理理念，以加工贸易手册为管理对象，在加工贸易手册备案、通关、核销等环节采用“电子手册 + 自动核算”的模式取代现有的纸质手册，并逐步通过与相关部门的联网取消纸质单证作业，最终实现“电子申报、网上备案、无纸通关、无纸报核”的新型监管模式。

（2）优势

改革的主要目的是方便企业，贴近当前加工贸易企业的生产运营实际，为企业提供全天候、全方位以及方便快捷的网上“大通关”服务，从根本上提高行政审批效率，降低企业通关成本，方便企业合法进出，提高企业竞争力。

① 通过企业操作员 IC 卡或 I-Key 卡进行身份认证，安全性强。

② 备案、变更实行联网作业，企业到海关的次数减少。

③ 备案资料库管理，一次预归类审核。

④ 不核发纸质手册。

⑤ 货物进出口时不需提供纸质手册，采用授权委托申报方式，企业办事效率高。

⑥ 手册报核时实行联网作业，企业到海关的次数减少。

⑦ 自动核对核算，准确快速，计算机 24 小时电子审核。

⑧ 统一平台提供数据查询及导出功能，方便企业管理。

8.2 报关与清关

8.2.1 报关

1. 定义

海关报关是指在货物进出境时，进出口商或其代理人，按照海关的规定以及有关法律的要求向海关申报，请求办理货物进出口手续的行为。

2. 报关分类

（1）按报关对象分类

① 运输工具报关；② 货物报关；③ 物品报关。

（2）按报关的目的分类

① 进境报关；② 出境报关。

（3）按报关活动实施者的不同分类

① 自理报关；② 代理报关；③ 专业报关。

3. 报关单位

已完成海关报关注册登记手续，有权办理进出口货物报关手续的境内法人。报关单位办理报关业务应当遵守国家有关法律、行政法规和海关规章的规定，应承担相应的法律责任。报关单位对其所属报关员的报关行为应承担相应的法律责任。

海关法将报关单位划分为：报关企业、进出口货物收发货人。

（1）报关企业

报关企业即接受进出口收发货人的委托，实施直接代理报关或间接代理报关业务（境内企业法人）的企业。

报关企业分为以下两类。

① 专业报关企业：专门接受委托，代为办理进出口货物和进出境运输工具报关纳税等事宜的企业。

② 代理报关企业：经营国际贸易货物运输代理、国际运输工具代理等业务，兼营进出口货物的报关纳税等事宜的企业。

（2）进出口货物收发货人

自理报关单位，即具有进出口经营权、报关权的境内法人、其他组织或个人，仅为本单位办理进出口货物报关纳税等事宜。

注意：获得报关权的企业不一定具有进出口经营权，经营管理部门批准企业经营进出口业务，不代表企业享有报关权。

4. 海关报关程序

（1）申报

申报是指进口货物的收货人、出口货物的发货人或者他们的代理人在进出口货物时，在海关规定的期限内，以书面或者电子数据交换（EDI）方式向海关报告其进出口货物的情况，并随附有关货运和商业单证，同时提供批准货物进出口的证件，申请海关审查放行，并对所报告内容的真实准确性承担法律责任的行为。

① 申报地点。

a. 进口货物应当由收货人或其代理人在进境地海关申报。

b. 出口货物应当由发货人或其代理人在出境地海关申报。

c. 经收发货人申请，海关同意，进口货物可以在指运地海关申报，出口货物可以在启运地海关申报。

d. 保税、特定减免税货物、暂准进境货物，要改变使用目的从而改变货物的性质为一般贸易的时候，报关的地点是向所在地主管海关申报。

② 申报时间。

a. 进口货物申报期限为自装载货物的运输工具申报进境之日起 14 日内（申报期限的最后一天是法定节假日或休息日的，顺延到节假日或休息日后的第一个工作日）。

b. 出口货物的申报期限为货物运抵海关监管区后、装货的 24 小时以前。

c. 经海关批准允许集中申报的进口货物，在运输工具申报进境之日起一个月内办理申报手续。

d. 特殊货物，经电缆、管道或其他方式（网络）进出境的货物，按照海关规定定期申报。

③ 申报日期。

申报日期是指申报数据被海关接受的日期。

进出口货物收发货人或其代理人的申报数据自被海关接受之日起，其申报的数据就产生法律效力，即货物收发货人或其代理人应当向海关承担“如实申报”“如期申报”等法律责任。

不论以电子数据报关单方式或以纸质报关单方式申报，海关接受申报数据的日期即为申报日期，具体体现为：

a. 以电子数据报关单方式申报的，申报日期为海关计算机系统接受申报数据时记录的日期。电子数据报关单经过海关计算机监察被退回的，视为海关不接受申报，收发货人或代理人应当按照要求修改后重新申报，申报日期为海关重新接受申报的日期。

b. 在采用先电子数据报关单申报，后提交纸质报关单申报的情况下，海关接受申报的日期以海关接受点在数据报关单申报的日期为准。

c. 在不使用电子数据报关单只提供纸质报关单申报的情况下，海关工作人员在报关单上做登记处理的日期，为“海关接受申报”的日期。

④ 申报步骤。

第一步：准备申报单证

申报单证可以分为主要单证和随附单证两大类，其中随附单证包括基本单证、特殊单证和预备单证。

a. 主要单证，即报关单。报关单是由报关员按照海关规定格式填制的申报单。

b. 基本单证，指进出口货物的货运单据和商业单据，主要有进口提货单据、出口装货单据、商业发票、装箱单等。

c. 特殊单证，主要是指进出口许可证、加工贸易登记手册（包括电子和纸质）、特定减免税证明、外汇收付汇核销单、原产地证明书、担保文件等。

d. 预备单证，主要是指贸易合同、进出口企业的有关证明文件等。这些单证，海关在审单、征税时可能需要调阅或者收取备案。

第二步：申报前确认货物

进口货物的收货人，在向海关申报前，为了确定货物的品名、规格、型号等，可以向海关提出查看货物或提取货样的书面申请。海关审核同意的，派员到场监管。

涉及动植物及其产品以及其他须依法提供检疫证明的货物，如需提取货样，应当按照国家的法律规定，事先取得主管部门签发的书面批准证明。提取货样后，到场监管的海关工作人员与进口货物的收货人在海关开具取样记录和取样清单上签字确认。

第三步：申报

a. 电子数据申报。

申报方式有四种：终端申报方式、委托 EDI 申报方式、自行 EDI 方式和网上申报方式。报关企业收到海关反馈的“接受申报”报文和“现场交单”或“放行交单”通知，即表示申报成功；报关企业收到海关反馈的“不接受申报”报文后，表示申报不成功，应当根据报文提示修改报关单内容后重新申报。

b. 提交纸质报关单及随附单证。

收到海关“现场交单”或“放行交单”通知之日起 10 日内，报关单位持打印的纸质报关单及随附单证并签名盖章，到货物所在地海关提交书面单证并办理相关手续。

c. 修改申报内容或撤销申报。

海关接受申报后，申报内容不得修改，报关单证不得撤销。确有如下正当理由的可经审核批准后进行修改或撤销。

- 由于计算机、网络系统等方面的原因导致电子数据申报错误的。
- 出口货物放行后，由于装运、配载等原因造成原申报货物部分或者全部退关、变更运输工具的。
- 由于报关人员操作或者书写失误造成所申报的报关单内容有误，并且未发现有走私违规或者其他违法嫌疑的。
- 进出口货物在装载、运输、存储过程中因溢短装、不可抗力的灭失、短损等原因造成原申报数据与实际货物不符的。

- 根据贸易惯例先行采用暂时价格成交、实际结算时按商检品质认定或者国际市场实际价格付款方式需要修改申报内容的。
- 其他特殊情况经海关核准同意的。

海关已经决定布控、查验的进口货物，不得修改报关单内容或撤销报关单证。

（2）查验

海关根据国家的法律规定确定进出境货物的性质、价格、数量、原产地、货物状况等是否与报关填报内容一致的行为称为查验。

① 查验目的：检查核实所报货物有无伪报、瞒报、申报不实等走私、违规行为，并为海关进行征税、统计、后续管理提供可靠的资料。

② 查验要求：海关查验时进出口货物的收发货人或其代理人应到场。

③ 查验地点：查验应当在海关监管区或装卸现场实施，特殊情况海关可以派员到监管区外进行查验。

④ 查验时间：海关以书面形式提前通知，一般约定在正常工作日；特殊情况经申请也可以在其他时间查验。

⑤ 查验方式：海关查验分彻底查验、抽查和外形查验三种方式，海关可以对已查验的货物进行复验。

⑥ 径行开验：报关单位不在场，但须有见证人在场（仓库管理人员等），并在报告上签字。

（3）征税

征税是指海关根据国家的有关政策、法规对进出口货物征收关税及进口环节的税费。纳税人应到指定银行缴款。

（4）放行

放行是指海关在接受进出口货物的申报，经过审核报关单据、查验货物、依法征收税款，对进出口货物做出结束海关现场监管决定的工作程序。

（5）结关

结关是指对经口岸放行后仍需继续实施后续管理的货物，海关在规定的期限内进行核查，对需要补证、补税货物做出处理直至完全结束海关监管的工作程序。

8.2.2 清关

1. 定义

清关即结关，习惯上又称通关，是指进口货物、出口货物或转运货物进入一国关境时必须向海关申报，办理海关规定的各项手续，履行各项法规规定的义务；只有在履行各项义务，办理海关申报、查验、征税、放行等手续后，货物才能放行，货主或申报人才能提货。同样，载运进出口货物的各种运输工具进出境或转运，也均需向海关申报，办理海关手续，得到海关的许可。货物在清关期间，不论是进口、出口或转运，都是处在海关监管之下，不准自由流通。

2. 报关与清关的区别

报关与清关既有联系又有区别。两者都是对运输工具、货物、物品的进出境而言的，但报关是从海关行政管理相对人的角度来说的，仅指向海关办理进出境手续及相关手续，是单向的过程。通关则是双向的过程，不仅包括海关行政管理相对人向海关办理有关进出境手续的过程，还包括海关对进出境运输工具、货物、物品依法进行监督管理，核准其进出境的管理过程。简单来说，清关是一系列的流程，而报关只是其中的一步，是必不可少、最重要的环节。

本章小结

本章主要介绍了国际贸易通关的相关知识。通过对我国跨境电商通关政策的详细解读、国际各国通关政策的简要对比，以及我国海关通关模式的说明，使读者对国际贸易通关概况有了一个初步了解。同时，重点讲解了海关报关过程中涉及的定义、分类及申报程序等知识，帮助读者熟悉报关并具备完成进出口货物通关的能力，最后通过报关与清关的对比分析使读者清楚二者的区别，从而完成对国际贸易通关的理解和掌握。

索　　引

C

D

F

J

（王彦祥、张若舒　编制）